마음 챙기는 시간
1분선·무시선

마음을 챙기는 시간
1분선·무시선

균산 최정풍

도서출판
마음공부

| 머릿말 |

마음을 챙기는 1분

이 작은 책은 선을 생활화하려는 노력 가운데 하나입니다.

'1분선' 一分禪이란 1분 동안의 선을 의미합니다.
선은 마음공부를 의미하고
마음공부는 마음을 챙기는 것에서 시작하니,
1분선이란 생활 속에서 잠시 마음을 챙기는 시간을 의미합니다.
1분이란 시간은 너무 길기도 하고 너무 짧기도 하죠.
1초면 마음을 챙길 수도 있기 때문이고
1년, 10년을 챙겨도 챙겨지지 않는 마음도 있기 때문입니다.

이 책에서는 아주 짧은 시간을 챙기는 데에서
선, 마음공부를 시작하려고 합니다.
그래서 사실, 1분선보다 1초선이 더 적절한 것 같습니다.
지금 당장 승부(?)를 봐야 하는 것이기 때문이죠.
한 순간을 놓치면 그 다음도 놓치기 때문입니다.
'1분선'이라고 부드럽게 표현한 이유는

'1초선'이라고 하면 마음을 너무 조급하게 만들 것 같기
때문입니다.
선은 특정한 장소에서 하는 것이 아니고
선은 특정한 시간에만 하는 것도 아닙니다.
일상의 생활과 책무를 저버려야 하는 것도 아니고
그래서도 안 되죠.
배우는 과정에서 시공간을 특정할 수는 있지만
거기에 멈춰서는 곤란합니다.
선의 목적을 잃어버리는 셈이죠.
소태산은 이를 '병든 선'이라고 했습니다.

생활 속에서 하고
일하면서도 하고
틈틈이 해야죠.
결국엔 선이 일관되어 삶이 꽃 피어야 합니다.

1분선!
시간을 핑계 삼지 못하도록 이름을 지어봤습니다.
1분이 없는 사람이 있을까요.
마음을 챙기지 못할 뿐입니다.
마음을 챙기는 순간 내 마음이 변하죠.
내 마음이 변하면 내 삶도 변합니다.
내 삶이 변하면 내 운명도 변합니다.

1분선이란 내 운명을 바꾸는 1분입니다.
1분은 결코 짧지 않습니다.
해보면 절감합니다.
1분은 너무 긴 시간이기도 합니다.
해보면 압니다.
이제 깨알 같은 선의 세계로 갑니다.
작지만 결코 작지 않은 세계로.

이 책의 출발지는 '1분선' 이지만 목적지는 '무시선' 無時禪입니다.
작은 점을 하나, 둘 찍다가
그 점들이 선이 되고 면이 되고 입체가 되듯이
한 마음, 한 마음을 챙겨서
내 삶 전체가 선이 되도록 해야겠습니다.

마음은 평화롭고 삶은 바르고 정의로워서
우리들 세상이 광대무량한 낙원이 되면 좋겠습니다.
물질문명과 정신문명이 조화로운
새로운 참 문명세상이 꽃 피었으면 좋겠습니다.

잠시 한 마음을 챙기는 데서 시작합니다.

이 책은 '1분선' 내용과 '무시선' 내용이 함께 담겼습니다. 일상생활 속에서 소소하게 마음을 챙기는 '1분선' 의 내용이 어디에 근거한 것인지 궁금할 것 같아 이를 해소하기 위해 소태산의 '무시선법'을 간단히 소개했습니다. '무시선'에 이르기 위한 징검다리로서 '1분선'이란 방편을 활용하고자 했으나 의도와는 다르게 잘못이 있을 수 있습니다. 아무쪼록 독자 제현의 가르침과 애정어린 비판으로 잘못을 바로잡아주시기를 삼가 기대합니다.

필자는 학자가 아니고 이 책도 학문적 서적이 아닙니다. 교무로서의 일상적 업무를 해오면서 틈틈이 주위에 전한 쪽글을 모아 이 책을 엮었습니다. 좀 더 공을 들였으면 좋으련만 소태산 마음학교의 프로그램 교재로 써야 할 필요 때문에 설익은 채로 성급한 출간을 하게 되었습니다. 앞으로 이어질 프로그램을 통해서 더욱 풍부한 검증을 거치며 내용을 보완하고 다듬어야겠다고 다짐합니다.

이 책의 바탕에는 원불교를 창시한 소태산(원각성존圓覺聖尊 소태산少太山 박중빈朴重彬 대종사大宗師, 1891-1943)의 가르침이 있습니다. '무시선법', '좌선법', '온전한 생각으로 취사하기를 주의하기', '마음챙김', '삼학-정신수양, 사리연구, 작업취사', '은혜' 등의 가르침에 관심을 가지고 공부하면 그 분이 전하고자 하는 선의 핵심에 다가가는 데 많은 도움이 될 것입니다. 또한 이 책에 소개된 '마음편지'는 이미 '소태산 마음학교' 앱 등에 실렸던 글이 많음을 알려드립니다. 양해하여 주시기 바랍니다.

소태산 마음학교를 오래도록 후원해주신 김동명 후원회장님을 비롯한 후원회원님들과 이 작은 책이 나오기까지 늘 함께해준 소태산 마음학교의 양영인 교무와 장은서 정토를 비롯한 출가 재가 선후배 동지들에게 감사의 마음을 전하며 이번에도 디자인을 해주신 토음 디자인 박유성 실장님에게 감사합니다. 그리고 오랜 시간 성원을 아끼지 않은 가족에게도 깊은 감사의 마음을 전합니다.

특히 이 책의 출간을 후원해 준 강태오님에게 깊은 감사의 마음을 전합니다.

원기106년(서기2021년) 4월 10일

법신불 사은님께 감사의 마음을 올리며
익산에서 균산 최정풍 교무 합장.

목차

005 **머릿말** _ 마음을 챙기는 1분

1분선 一分禪

018 01. 1분선에서 무시선으로

02. 마음편지

044 그 누구
045 잠시 조율
046 1분의 편안함
047 젖은 빨래처럼
048 반딧불이
049 뿌리 보기
050 같음을 확인하는 시간
051 받아들이는 시간
052 땅따먹기
054 더 깊어져야
055 저 벌레, 어디서 왔을까?
056 가만히 있어보자
059 깊고부드러운 숨
060 틈 선禪
061 마음 거울
062 엄청난 선물 앞에서
064 더 늦기 전에
065 그래서 선禪

066 　마음의 장벽
067 　깊은 포옹
068 　마음 연주
069 　마음이 답

03. 마음챙기는 하루

072 　깨어나기
074 　잠시 기도하기
076 　마음 충전하기
078 　몸 풀기 마음 풀기
080 　감사보은의 출근길
082 　엘리베이터 앞에서
084 　자동차에서
086 　반갑게 인사하기
088 　단전에 기운과 마음 두기
090 　전화 받기
092 　선식하기
094 　산책하기
096 　감사 인사하기
098 　주고받기
100 　물건 만지기
102 　은혜 갚기
104 　최선을 다하기
106 　정의롭기
108 　몸 풀기
110 　몸 청정 마음 청정

112	경전 읽기
114	감사, 참회 기도하기
116	마음일기 쓰기
118	온전한 마음으로 잠들기

04. 1분선 공부하기

1. 마음을 보는 시간

122	인간인 이유
124	지금 슬픈가요
126	무슨 색인가요
128	무슨 생각 중인가
130	지금 뭐하고 있는거야

2. 마음을 멈추는 시간

132	잠깐만
134	나아가지 말아요
136	마음 비우기
138	마음 내기 이전으로
140	온전한 마음으로

3. 마음을 돌리는 시간

142	뭔가 이상하다 싶으면
144	마음의 과거를 보고
146	마음의 미래를 보라
148	새로운 길이 있다
150	마음엔 빈자리가 있다

4. 새 마음을 내는 시간

- 152 마음 땅에서
- 154 새싹 돋아나듯이
- 156 비바람을 무릅쓰고
- 158 운명을 바꾸는 한 마음
- 160 이어가는 마음

5. 은혜와 온·생·취의 시간

- 162 무엇을 주고 받나
- 164 없어서는 살 수 없는 관계
- 168 온전한 마음 챙기기
- 170 깊이 생각하기
- 174 바른 취사선택하기

6. 마음의 자유

- 178 부자유를 깨달아야
- 180 부자유의 뿌리를 캐라
- 182 자유가 사는 곳
- 184 마음의 힘
- 186 마음의 힘을 얻은 다음엔

무시선 無時禪

191　01. 무시선법 원문

　　　02. 풀이 · 마음편지
198　무시선법
200　대범, 선이라 함은
　　　뼛속까지 자유 / 나눔의 끝 /
　　　내 마음이 머무는 곳 /
　　　주착이 무섭다 / 주착 전에 분별 있다 /
　　　물 빠지면 원단 / 창살에 갇힌 얼음 /
　　　왼손과 오른손

210　사람이 만일 참다운 선을 닦고자 할진대
　　　기본 / 큰 길 / 정말 비었구나 /
　　　이 소리는 어디서 왔을까? /
　　　마음 산, 마음 허공 / 태산과 허공 사이

218　대승선이요, 삼학을 병진하는 공부법
　　　흔들림 없는 물 / 묘한 고요함 /
　　　모두 타세요 / 온전한 생각으로 취사하기

224　응하여도 주한 바 없이 그 마음을 내라
　　　응답하라 / 누구냐, 넌? /
　　　어제의 내가 아니다 / 공적영지

230　이 법이 심히 어려운 것 같으나
　　　무시로 / 괭이 들고 선을 하지 않으면 /
　　　하나를 놓치지 마세요 / 내 운명이 바뀌는 때

236	**저 소 길들이기와 흡사하나니**	
	마음소 / 거친소 / 성전을 시작하라 /	
	대중을 잡아야	

242	**도심이 익어가는 증거**
	바로 지금 / 내 마음의 주인 /
	선이 나를 따라와요 / 힘을 빼세요

248	**항상 백천 삼매를 얻을지라**
	철주의 중심 석벽의 외면 / 궁극의 기쁨 /
	깨알 같은 삼매 / 좀 다른 기쁨

256	**병든 선**
	분별 / 가장 먼 곳 / 나를 끌고 가는 것

262	**참 선**
	동물 / 마음만 잘 쓰면 /
	감전, 충전 / 즉답이 아니라

268	**무시선의 강령**
	행복한 삶 / 일심과 정의 /
	한 마음이 / 그때 / 극락과 낙원

277	**03. 무시선법의 짜임새**

293	**04. 관련 법문**

01

1분선에서
무시선으로

1분이라도 해야 하는 선

선을 잘 모르면서 선을 합니다. 선 공부를 하는 수행자가 선의 초입에서 맞닥뜨리는 모순적 상황입니다. 제대로 알지 못하고 하는 선을 선이라고 할 수 있을지 모르겠으나, 그래도 그런 선이라도 해야 선을 제대로 알 수 있게 됩니다.

선을 해보자고 마음먹고 길을 나서면 맞닥뜨리는 또 다른 문제가 있죠. 선의 갈래 길이 너무나 많다는 것입니다. 한 사람의 수행자가 다 가볼 수 없을 정도로 갈래가 많습니다. 선의 역사를 거슬러 올라가면 아마도 인류의 역사와 맞닿아있을 것입니다. 석가모니불 이후 수 천 년 동안만 보더라도 인류는 선 수행의 다양한 방법을 개발했고 수많은 유파를 만들어왔습니다. 이 과정에서 생산된 지적 작업의 성과물 또한 방대합니다. 인터넷에서 선이나 명상에 관한 검색만 해봐도 거대한 지식의 숲이 존재함을 쉽게 알 수 있습니다. 선이 무엇인지 정의를 하는 데서부터 어려움을 겪어야 하고, 선 수행을 해보고는 싶으나 도대체 어떤 유파의 어떤 방법을 따라야 할지 취사선택하기 어려운 난관이 선 수행자의 첫 번째 관문인 셈입니다.

아쉽지만 이 책에선 그런 문제에 대해 답하지 않습니다. 각 유파의 선을 정의하고 수천 년에 걸친 선의 역사를 개관한다든지 다른 선법과의 우열을 논한다든지 하는 작업은 이 책의 목적이 아니고 필자의 능력을 벗어난 일입니다. 이 책은 소태산의 선법을 무시선법 중심으로 필자의 체험에 바탕해서 쉽고 단편적으로 소개할 뿐입니다. 그 외의 작업은 원불교에 입문한 후

수십 년간 원불교의 선법만을 익혀온 필자의 이력을 보더라도 주제 넘는 일이기 때문입니다.

참고삼아 말하자면 필자가 원불교 출가자로서 해온 선 공부는 현재 원불교 교단에서 권하는 일상적인 수행의 범위 안에서 통상적으로 이뤄졌습니다. 별로 특별할 것이 없다는 이야기입니다. 원불교의 선 수행은 아침에 약 1시간의 좌선을 권장하고 있으며 좌선은 단전주에 기초하도록 하고 있습니다. 좌선 이후의 일상생활 속에서는 각 상황에 맞는 마음공부를 하는데 이 부분은 이 책의 주제인 무시선법에 해당한다고 할 수 있습니다. 요컨대 원불교인의 하루 일과 전체가 마음공부의 과정인데 선의 관점에서 설명하자면 아침 좌선과 나머지 무시선으로 24시간이 채워진다고 보면 됩니다. 이는 출가자와 재가자에게 공통된 것입니다. 또한 출가자라고 해도 그들의 외견상 일상은 일반 직장인들의 일상과 다를 것이 별로 없습니다. 그들의 수행 시간과 공간이 특별하지 않다는 것입니다. 필자 역시 그런 생활 속 수행, 선 공부를 35년 정도 해왔을 뿐입니다. 학자로서 연구를 한 적도 없고 특별한 방법으로 선 공부에 매진하지도 않았습니다. 그저 소태산 스승님이 알려준 선법을 따라 정성을 이어가려고 노력했을 따름입니다. 그 과정에서 파생된 작은 감각감상들의 일부를 이 책에 담았습니다.

분명한 것은 현대인들에게 선 공부가 필요하다는 사실입니다. 물질적 풍요 속에서도 삶의 여유는 적어지고 마음은 메말라간다고 호소하는 사람이 늘어갑니다. 정신건강에 적신호가

커졌다는 증거도 자꾸만 늘어갑니다. 이에 대한 대안으로 선과 명상에 관한 관심이 높아지고 있지만 실제로 얼마나 효과를 얻고 있는지는 알기 힘듭니다. 특히 일상적인 삶의 현장에서 선 공부를 하고 그 효과로 일상생활을 더 잘하며 더 큰 행복을 느낄 수 있는 단계로 진입하는 사람들이 얼마나 되는지도 의문스럽습니다.

특별한 각오로 휴가를 내고 수행단체를 찾아가거나 수강료를 내고 학원 다니듯 하는 선이나 명상 수행도 필요합니다. 하지만 이 책에선 그런 것보다는 일상생활 속에서 1분이라도 나름대로 선을 해보자고 권유합니다. 오늘 아침부터 내가 잠자고 일어난 바로 그 자리에서 1분이라도 마음을 챙겨보자고 권유합니다. 1분을 잡지 못하면 나머지 23시간 59분도 놓칠 수 있다고 공부심을 자극합니다. 흔히 말하는 '지금 여기'에 온전하게 살기 위해 일단 1분이라도 작위적인 노력을 해보자고 제안합니다.

소태산의 수행법과 선

소태산은 무시선법의 첫 문장을 '대범, 선禪이라 함은 원래에 분별 주착이 없는 각자의 성품을 오득하여 마음의 자유를 얻게 하는 공부인 바, 예로부터 큰 도에 뜻을 둔 사람으로서 선을 닦지 아니한 일이 없나니라.'라고 시작하고 있습니다. 큰 도에 뜻을 둔 사람이라면 선 공부를 하지 않을 수 없다는 말입니다. 여기서 '큰 도'란 무엇일까요. 부처님들과 성현님들이 찾고자 했던 진리이고 그들이 모든 인류에게 전하고 가르쳐주고자 했던 자유과 구원 그리고 행복의 길일 것입니다. 이 책은 가까운 과거에 우리 곁에 오셨던 위대한 스승 소태산이 알려준 쉽고 새로운 선법을 소개하고 있습니다. 선 입분자들이 처음에는 '1분선'이라는 '선 같지도 않은 선'으로 시작해서 결국엔 선의 궁극이라고 할 수 있는 소태산의 '무시선'에 이르길 염원합니다.

  소태산이 직접 저술한 '정전'에 나오는 선의 종류는 두 가지입니다. 첫째는 '좌선법'이고 둘째는 '무시선법'입니다. 좌선법 안에는 '단전주의 필요'라는 내용이 있어서 소태산의 좌선법을 '단전주선법'이라고 하기도 하지만 엄밀히 말해서 소태산의 저작 중에서 '단전주선법'이란 표현은 등장하지 않습니다. 소태산의 수행법은 정신수양·사리연구·작업취사로 이뤄진 삼학三學이 중심입니다. 정신수양은 정定, 사리연구는 혜慧, 작업취사는 계戒로 불교의 삼학과 연결지을 수 있습니다. 소태산의 수행은 정기와 상시로 나뉘어서 정기훈련법과 상시훈련법으로 제시되고 있으며 각 훈련법마다 다양한 훈련과목들이 제시되어 있습니다. 정기훈련 11과목 가운데 정신수양 훈련 과목은 좌선과 염불 두 가지입니다. 일견 무시선법은 정신수양 과목인 좌선법의 한 종류인 것처럼 보일 수도 있습니다. 하지만 무시선법은 단순히 정신수양 과목이라고 할 수 없습니다. 삼학 수행 전체의 내용이 녹아들어 있는 선법이라고 할 수 있습니다. 정기와 상시로 나누자면 상시로 하는 선수행 또는 상시로 하는 삼학 수행이라고 할 수 있습니다. 소태산은 무시선법을 '삼학을 병진하는 공부법'이라고 했습니다.

1분선 – 마음을 챙기는 시간

'1분선'이란 말은 소태산의 경전에는 없는 표현입니다. 교화 현장에서 선 공부의 필요를 말하면서 수행자라면 하루에 1분이라도 좌선을 하자는 뜻으로 사용했던 표현입니다. 정신수양의 필요성을 인식하고 좌선을 해야겠다는 다짐을 하면서도 정작 일과 속에서 규칙적으로 좌선을 하는 사람들이 의외로 적다는 것을 알고 난 후, 그들이 어떻게든 쉽게 선을 시도할 수 있도록 하는 방편을 생각하다가 나온 표현입니다. 처음에는 아침 좌선 시간을 규칙적으로 확보하도록 하는 방편으로 '1분선'을 유념 조목으로 삼도록 했습니다. 그러다가 점차 생활 속 다양한 경계 속에서도 잠시 마음을 챙기는 공부를 하는 1분선을 권장하다보니 자연스럽게 강조점이 좌선보다는 무시선으로 옮겨가게 되었습니다.

무시선법이나 좌선법은 매우 쉽게 서술되어 있지만 실제로 꾸준히 수행해서 생활화하고 몸에 배게 하는 것이 쉽지 않습니다. 하루에 한 번 1분이라도 선 공부를 흉내라도 내기가 쉽지 않습니다. 그런데도 초입자들에게 1시간 정도씩 좌선을 해야 한다고 지도를 하거나 곧바로 무시선법을 지도한다는 것이 적절한 것인지 고민이 되었습니다. 그래서 1분씩이라도 마음을 챙기는 시간을 가져서 선 공부를 생활화해서 선의 맛을 알게 하고 그 후에 점차 본격적인 선 공부를 할 수 있도록 하는 방편으로서 '1분선'이란 생경한 표현을 사용하게 된 것입니다.

마음을 챙겨야 좌선도 할 수 있고 마음을 제대로 챙겨야 천만 경계 속에서 무시선법을 실행할 수 있습니다. '사람의 마음은 지극히 미묘하여 잡으면 있어지고 놓으면 없어진다 하였나니, 챙기지 아니하고 어찌 그 마음을 닦을 수 있으리요.' 라는 소태산의 말씀처럼 마음을 챙기는 공부부터 해야 마음공부의 진도를 나갈 수 있습니다. 1분선은 생활 속에서 틈틈이 잊지 않고 마음을 챙기도록 촉진하는 방편이라고 할 수 있습니다. '이런 것도 선이냐?' 라고 반문할 수 있지만 이런 방편의 힘을 빌려서라도 선 공부에 입문을 하는 것이 중요하다고 생각합니다.

소태산의 관점에서 선 공부를 본다면 아침에는 단전주에 바탕한 좌선을 일정 시간 반복적으로 꾸준히 수행하고, 일상생활에서는 무시선을 수행하는 것이 바른 선 공부 길입니다. 좌선법과 무시선법만으로도 선의 깊은 경지에 드는 데 충분합니다. 1분선은 좌선과 무시선까지 가는 데 도움이 되도록 놓은 징검다리라고 보면 좋겠습니다.

60분 좌선, 1분선 60회

1분선의 관점에서 보면 새벽 시간에 1시간 즉 60분간 좌선을 하는 것보다 생활 속에서 틈틈이 1분씩 여러 번 선을 하는 것이 더 중요하다고 할 수 있습니다. 예컨대, 60가지 삶의 장면마다 1분씩 마음을 챙기는 것이 중요하다고 보는 것입니다. 초보자들이 처음부터 새벽에 1시간씩 좌선을 수행해서 그 공덕을 일상생활 속에서 활용하기는 매우 어렵습니다. 선 공부의 기본이 좌선이지만 좌선만으로 선의 모든 것을 이룰 수 있다고 생각하면 안됩니다. 그렇게 생각하면 자칫 좌선의 시간을 자꾸 늘려가면서 좌선에 얽매인 삶이 될 수도 있음을 주의해야 합니다. 잘못하면 좌선 수행은 깊어지면서 그 결과와 공덕이 일상생활과는 연결되지 못하는 현상을 초래할 수도 있습니다. 좌선으로 얻은 마음의 힘을 일상생활에서 맞닥뜨리는 천만경계에 응용하는 것이 하는데 초보자에게는 생각보다 쉬운 일이 아닙니다.

조용한 선방에서 새벽 시간에 다른 환경의 방해를 받지 않고 수행하는 좌선은 반드시 선 수행의 기본을 닦는데 큰 도움이 됩니다. 하지만 삶의 현장에서 맞닥뜨리는 예측하기 힘든 수많은 경계들에 제대로 접응하여 심신작용을 하려면 실제 경계를 수행 거리로 삼아야 합니다. 그래야 실제로 천만 경계 속에서 훈련된 실력이 쌓이고, 그 실력을 실제 상황에서 써먹을 수 있습니다. 그래서 '무시선법'이 등장하고 '상시훈련법', '일상수행의 요법'이 등장하는 것입니다. '상시응용주의사항'도 마찬가지여서 이미 그 내용에 나온 표현 자체가 '상시', '일상', '무시' 등으로서 특정한 시간과 공간의 제약을 초월하고자 하는 무시선법과 맥을 함께하고 있습니다.

특별한 각오로 좌선에 도전하는 것도 좋지만 일상 속에서 틈틈이 자투리 시간을 챙겨서 시도하는 1분선이 선의 맛을 느끼는 데 훨씬 더 쉬울 수 있습니다. 선의 맛을 보기 시작하면 1분선이 2분선이 되고 60분선이 되다가 결국은 무시선으로 될 수 있습니다.

무시선無時禪 무처선無處禪

'선'이라고 하면 '좌선'을 떠올리지만 '선'의 진수에 바로 입문하기 위해서는 소태산의 '무시선법'을 먼저 공부하고 수행할 필요가 있습니다. '무시선'은 말 그대로 '때가 없는 선'입니다. 특정한 때가 없이 선 수행을 한다는 것이죠. 동시에 '무시선'은 '무처선'입니다. '때'가 특정되면 '곳', '장소'도 특정되기 때문에 시간의 제약을 벗어난 '무시선'은 장소의 제약으로부터도 자유로운 '무처선'이 됩니다. 그래서 소태산의 '정전'에 나오는 교리 표어 가운데 하나가 바로 '무시선 무처선'입니다. 무시선이라는 표현에 무처선은 이미 포함된 것으로 이해하면 됩니다. 인간은 동물이어서 늘 움직이는 존재이고 사회적 존재여서 많은 사람들과 함께 생활을 하고 그 안에서 뭔가를 추구합니다. 무시선법은 인간이라는 사회적 동물에 최적화된 선법이죠. 무시선은 인간의 삶 전반을 아우르는 선 수행, 마음공부를 지향합니다. 일상생활을 하는 가운데 삼학을 병진하는 수행법이니 생활종교, 생활불교를 지향한 소태산 수행론의 핵심이고 마음공부의 백미입니다.

무시선법에는 소태산의 수행관이 고스란히 담겼습니다. 소태산의 무시선법은 세간을 떠나 산속 사찰과 같은 한적한 곳에서 출세간적 수행자들이 행하는 선법이 아닙니다. 직업을 가지고 삶의 현장에서 땀 흘려 노동하고 결혼하고 자녀를 낳아 키우는 평범한 대다수의 사람들을 위한 수행법이고 그들을 위한 선 수행법입니다. 따라서 특정한 수행 장소와 특정한 시간을 제한하지 않습니다. 모든 사람들이 맞닥뜨리고 있는 다양한 삶의 장면, 상황, 경계들에 어떻게 응할 것인가를 말하고 있습니다. 천만가지 경계에 어떻게 심신작용을 할 것인가, 나의 마음과 몸을 어떻게 사용할 것인가를 알려주고 있습니다. 소태산의 선 수행은 철저히 개인과 공동체의 삶 전반에 유익을 주는 삶의 지혜입니다.

이 책에서 '1분선'이라는 작위적 방편을 활용하는 목적은 무시선으로 가는 징검다리를 놓는 데 있고 무시선법을 활용하는 데 필요한 구체적 실습 사례를 제공하는 데 있습니다. 무시선법의 원리가 너무 고준해서 어렵게 느껴지는 사람들에게는 1분선의 구체적 사례를 통해서 무시선의 경지로 나아가기를 바라며, 무시선법을 너무 원리적으로 이해하는 데 치중해서 실제 생활에서는 공부 거리 삼아야 할 구체적 경계들을 놓쳐버리는 사람들에게는 책에서 예시한 사례들로 공부해서 무시선법을 실행하는 데 도움이 되면 좋겠습니다.

1분선에 관한 견해는 나뉠 수 있습니다. 예컨대, 엘리베이터를 기다리는 10초 정도의 짧은 시간을 조바심 내지 않고 편안한 마음으로 지낼 수 있는 것을 1분선 프로그램의 목표로 삼을 경우입니다. 하나는 이런 것도 선이라고 할 수 있겠냐는 비판적 견해일 것이고, 다른 하나는 이런 사소한 것부터 챙길 수 있어야 선에 이를 수 있다고 보는 긍정적 견해일 것입니다. 물론 이 책에서는 생활 속에서 하기 쉬운 마음챙김부터 시작해서 마음의 자유라는 선의 본래 목적에 도달함을 목적으로 합니다. 이렇게 선에 접근하는 것이 선의 대중화와 생활화에 더 유리하다고 보는 것입니다. 생활과 동떨어진 특별한 시공간에서 몰록 한 소식을 얻어서 그 결과를 일상생활에 선용한다는 접근 방식을 선호하지 않습니다. 산속에서 닦은 선을 다시 일상생활로 가지고 오는 방식이 아니라, 일상생활 속에서 닦은 선을 다시 일상생활 속에서 활용하는 방식을 취합니다. 이것이 소태산의 방식이라고 보는 것이고 이런 방식이 현대인이 처한 삶의 환경에 더 적합하다고 봅니다. 그리고 선의 본래 목적을 달성하는 데도 이 방식이 더 효과적이고 효율적이라고 생각합니다. 따라서 과거의 관점에서 보자면 하찮아 보이는 1분 이내의 짧은 마음챙김으로 시작하는 1분선의 접근 방식은 오히려 진정한 선에 이르기 위한 효과적인 방법인 동시에 결국은 삶의 다양한 국면에서 발휘되어야 할 선의 활용 면에서도 낫다고 생각합니다.

  선은 차안此岸에서 피안彼岸으로 건너가고자 하는 이들에게 하나의 다리입니다. 1분선은 차안에서 피안에 이르는 크고 튼튼한 다리가 아니라 불완전하지만 꼭 필요한 징검다리를 우선 하나씩 놓는 방식을 취합니다. 누군가는 저런 것은 다리가 아니라고 할 수도 있지만 이 징검다리가 점점 많아질수록 피안으로 건너가기는 쉬워지고 언젠가는 크고 튼튼한 다리로 완성될 것입니다. 무시선이라는 다리를 놓기 위한 징검다리가 1분선 입니다.

선, 마음 사용법

선이 선방 안에 국한되고, 선이 좌선시간에만 국한된다면 그것은 선을 모르기 때문에 생기는 일입니다. 야구선수는 방구석이 아니라 야구장에서 연습해야 하고 그럴 수밖에 없습니다. 수영선수도 마찬가지죠. 결국은 물이 있는 곳에서 헤엄을 쳐야 합니다. 만일 수행자가 선방에서 좌선에만 매진한다면 그 사람은 좌선을 하는 것이지 진정한 의미의 온전한 선을 수행하는 것이 아닙니다. 물론 선의 기초를 닦기 위해서 좌선 수행을 하는 것이라면 좌선과 선이 둘이 아니므로 별 문제가 없겠지요. 하지만 좌선 수행이 선 공부의 전부라고 생각한다면 그 사람은 선의 목적과 본질을 놓치고 있는 것입니다.

소태산은 무시선법에서 선의 목적을 '대범, 선禪이라 함은 원래에 분별 주착이 없는 각자의 성품을 오득하여 마음의 자유를 얻게 하는 공부인 바, 예로부터 큰 도에 뜻을 둔 사람으로서 선을 닦지 아니한 일이 없나니라.' 라고 설합니다. 마음의 자유를 얻기 위한 공부가 선이고, 이를 위해서는 각자의 성품을 깨달아야 한다고 본 것입니다. 요컨대, 소태산의 선은 용심법, 마음사용법인 것입니다.

또 말씀하시기를 [지금 세상은 물질 문명의 발전을 따라 사·농·공·상에 대한 학식과 기술이 많이 진보되었으며, 생활 기구도 많이 화려하여졌으므로 이 화려한 물질에 눈과 마음이 황홀하여지고 그 반면에 물질을 사용하는 정신은 극도로 쇠약하여, 주인된 정신이 도리어 물질의 노예가 되고 말았으니 이는 실로 크게 근심될 현상이라. 이 세상에 아무리 좋은 물질이라도 사용하는 마음이 바르지 못하면 그 물질이 도리어 악용되고 마

는 것이며, 아무리 좋은 재주와 박람 박식이라도 그 사용하는 마음이 바르지 못하면 그 재주와 박람 박식이 도리어 공중에 해독을 주게 되는 것이며, 아무리 좋은 환경이라도 그 사용하는 마음이 바르지 못하면 그 환경이 도리어 죄업을 돕지 아니하는가. 그러므로, 천하에 벌여진 모든 바깥 문명이 비록 찬란하다 하나 오직 마음 사용하는 법의 조종 여하에 따라 이 세상을 좋게도 하고 낮게도 하나니, 마음을 바르게 사용하면 모든 문명이 다 낙원을 건설하는데 보조하는 기관이 되는 것이요, 마음을 바르지 못하게 사용하면 모든 문명이 도리어 도둑에게 무기를 주는 것과 같이 되나니라. 그러므로, 그대들은 새로이 각성하여 이 모든 법의 주인이 되는 용심법用心法을 부지런히 배워서 천만 경계에 항상 자리 이타로 모든 것을 선용善用하는 마음의 조종사가 되며, 따라서 그 조종 방법을 여러 사람에게 교화하여 물심 양면으로 한 가지 참 문명 세계를 건설하는 데에 노력할지어다.]

_ 소태산, 『대종경』 교의품30장.

이 법문에는 소태산의 사상 전체가 잘 담겨있습니다. 물질문명의 위기로 인해 인간들이 물질의 노예 생활을 하게 된 것에 대한 안타까움을 토로하면서 새로운 종교의 문을 열게 된 배경을 말합니다. 이 문제를 해결하기 위해서는 인간들이 각자의 마음을 잘 사용해야 하는 데 이를 위해서 용심법用心法을 제시합니다. 이 마음 사용법을 언제 어디서든 활용해야만 하고 그렇게 해야 물질문명과 정신문명이 조화를 이루는 참 문명 세계를 건설할 수 있다고 설합니다.

　소태산에게 있어서 선이란 곧 마음공부입니다. 마음공부란 마음을 알아서, 마음을 잘 기르고, 마음을 잘 쓰는 공부입니다. 선의 교재는 마음이어서 언제 어디서나 마음공부를 할 수 있습니다. 심지어 소태산은 몸을 떠난 영혼에게도 마음공부를 하라고 설합니다. 마음의 본질을 깨달아 진정한 마음의 자유를 얻는 공부를 인간 생활 전반에 활용하라고 합니다. 마음공부 실력이 발휘되어야 할 곳은 바로 '지금, 여기' 일상생활인 것입니다. 그렇게 구체적인 현실의 삶을 변화시킬 수 있어야 결국은 새로운 참 문명도 건설할 수 있습니다. 소태산이 마음공부를 이야기하고 무시선을 주창한 이유입니다. 인간이 마음을 떠나서 존재할 수 없는데 마음공부 즉 선 공부를 어떻게 특정한 시간과 장소에 국한시킬 수 있겠습니까. 본래 선, 마음공부란 행行주住좌坐와臥어語묵默동動정靜간에 한 순간도 여읠 수 없는 것입니다. 그래서 선이란 원래 무시선입니다.

깨알 같은 수행, 깨알 같은 깨달음

아침에 제때 일어나지 못하는 생활이 계속되고, 방은 청소를 게을리해서 더럽고, 사람들과는 툭하면 다투고, 전화 통화도 퉁명스럽게 하고, 직장에서 맡은 일도 제대로 하지 못하고, 술 담배도 제어하지 못하고, 태도도 불량하고, 생활 예절도 지키지 못하는 사람이 성공적인 삶을 살 수 있을까요. 이 사람이 행복한 삶을 살 수 있을까요. 흔히 사소하다고 여기는 것들이 사실은 삶의 전부일 수 있습니다. 티끌이 모여서 태산만 이루는 것이 아니죠. 티끌이 모여서 우주인 것이죠. 별스럽지 않은 한 순간 한 순간이 모여서 인생이 됩니다. 한 순간 한 순간 하는 작은 행위들을 허투루 한다면 그 사람의 인생도 허튼 삶이 됨을 잊지 말아야 합니다. 별스럽지 않은 일상적 삶의 한 장면 한 장면을 제대로 살려낼 때 우리의 삶도 되살아납니다. 세상에 가치 없는 것은 없고 소홀히 해도 되는 삶의 순간도 없습니다. 그래서 더욱 각자의 한 마음이 소중합니다. 한 마음을 챙기지 못하면 삶의 한 장면 한 경계들을 놓치게 됩니다. 이 순간이 꽃다운 시간임을 자각하지 못할 때 세월은 덧없이 흘러가버립니다. 지금 바로 이 순간이 운명적 순간임을 깨닫지 못하면 나중에서야 나를 배반하는 운명을 원망하게 됩니다. 다시 오지 않을 귀중한 이 시간, 이 공간 그리고 인연들과의 삶을 제대로 살아내려면 바로 지금을 놓치지 말아야 하고 그러려면 마음이 항상 깨어있어야 하고 그러려면 늘 마음을 챙겨야 합니다. 마음공부가 필요한 이유이고 깨알같이 느껴지는 '1분선'이란 생경한 표현을 제안하는 이유입니다.

　마음을 챙기는 방편으로서의 1분선을 반복할수록 마음의 힘은 커집니다. 마음의 힘이 커지면 마음의 밀도도 높아져서 세밀해집니다. 1분이 아니라 1초와 같은 세밀한 단위까지도 예민하게 반응하게 됩니다. 그리고 일상생활 전체로 그 세밀한 시간이 확장됩니다. 1분이 더 잘게 세분됨과 동시에 인생 전반으로도 확산됩니다. 짧은 시간의 마음 챙김 공부가 삶 전체를 변화시키는 단계로 나아가게 됩니다. 선의 맛을 제대로 본 다음의 삶은 이전의 삶과는 다른 삶이 됩니다. '예로부터 큰 도에 뜻을 둔 사람으로서 선을 닦지 아니한 일이 없나니라.'라고 한 소태산의 설명이 괜한 것이 아님을 절감하게 됩니다.

 선 공부를 잘하면 마음이 선심으로 됩니다. 선심으로 살아가는 생활은 그대로 선의 경지가 됩니다. 선 생활이 되어 마음공부와 생활이 둘이 아닌 경지로 진입하게 됩니다. 생활 속에서 선 공부를 하게 되고, 선 공부의 결과로 생활을 더 알차게 할 수 있습니다. '무시선 무처선'이 '생활시불법 불법시생활'生活是佛法 佛法是生活로 나아가게 됩니다. 무시선 무처선을 하지 못하면서 생활시불법 불법시생활이 될 수 없고, 생활시불법 불법시생활을 하지 못하면서 무시선 무처선을 할 수 없습니다. 강조점만 다른 표현이지 내용은 같습니다. 일상생활 속에서 선 공부, 마음공부를 하면서 예전과는 다른 새생활로 나아가자는 것이죠. 이렇게 출세간적이지 않은 수행을 통해서 인격을 원만하게 성숙시켜 가고 생활을 변화시켜 갈 때 소태산이 말하는 '정신개벽'이 이뤄지고 '광대무량한 낙원'으로 나아갈 수 있습니다. 그래야 우리가 살아가는 세상도 물질문명과 정신문명이 조화를 이루는 참 문명세계가 될 것입니다.

1분의 마음 조율

'평상심이 도'라는 법문이 있습니다. 인간의 삶은 낱낱의 행위들로 구성되고 그 행위들은 인간의 마음이 관장합니다. 일상적인 행위들이 인생이 되고 운명을 좌우합니다. 그러니 일상적 행위들의 이면에 있는 일상적 마음을 어떻게 챙기는 가에 삶의 방향과 운명이 결정되는 셈이죠. 어떤 특별한 마음도 중요하겠지만 이런 일상적 삶을 관장하는 평상심이 가장 중요한 것이죠. 운명의 순간은 특별히 예고되지 않습니다. 늘 깨어 있는 마음을 잘 챙기고 살아가야 운명의 순간에 실수하지 않고 제대로 대응할 수 있고 그 운명의 순간을 자신이 원하는 대로 이끌 수 있습니다. 평상심이란 흐리멍덩한 상태의 마음이 아닙니다. 너무 늘어져버린 거문고 줄이 아니고 너무 조여진 거문고 줄도 아닙니다. 적절한 긴장감을 유지한 거문고 줄처럼 예민하게 반응해서 제대로 소리는 나눌 수 있는 상태의 마음입니다. 선 수행을 잘하는 사람은 거문고를 잘 연주하는 사람과 같이 삶의 긴장 정도를 적절하게 유지하는 사람입니다. 조율調律, 튜닝tuning이 잘 된 악기처럼 자신의 삶을 유지하는 힘과 지혜가 있는 사람입니다. 줄이 너무 풀어졌으면 적당히 조여 주어야 하고 너무 조여졌으면 적당히 풀어주어야 합니다.

조율, 튜닝이 잘못된 악기로는 연주를 하지 않는 것이 낫습니다. 그건 음악이 아니라 소음이 될 수 있기 때문입니다. 조율되지 않은 악기는 도道를 벗어난 마음과 같습니다. 이런 사람의 삶도 마찬가지입니다. 열심히 살아도 그 결과는 좋지 않고 선하지 못합니다. 연주를 하기 전에 악기를 조율하는 것과 같이 사람도 마음을 조율해야 하는 데 이것을 선이라고 해도 좋을 듯합니다.

소태산은 '사람이 만일 참다운 선을 닦고자 할진대 먼저 마땅히 진공眞空으로 체를 삼고 묘유妙有로 용을 삼아 밖으로 천만 경계를 대하되 부동함은 태산과 같이 하고, 안으로 마음을 지키되 청정함은 허공과 같이 하여 동하여도 동하는 바가 없고 정하여도 정하는 바가 없이 그 마음을 작용하라. 이같이 한즉, 모든 분별이 항상 정을 여의지 아니하여 육근을 작용하는 바가 다 공적영지의 자성에 부합이 될 것이니, 이것이 이른바 대승선大乘禪이요 삼학을 병진하는 공부법'이라고 무시선법에서 설합니다. 여기서 '공적영지의 자성'이라는 표현이 나오는데 이 대목은 소태산이 대종경 수행품12장에서 '망념을 쉬고 진성을 길러서 오직 공적 영지空寂靈知가 앞에 나타나게 하자는 것이 선'이라고 설한 내용과 같습니다.

무시선을 악기에 비유하자면 '진공眞空으로 체를 삼'는 과정은 악기를 잘 조율하는 것과 같고, 잘 조율된 악기로 연주를 하는 것은 '묘유妙有로 용을 삼아 밖으로 천만 경계를 대하'는 것과 같다고 할 것입니다. 조율이 잘 된 악기로 연주를 잘 하여 아름다운 음악소리가 나게 하는 것은 '육근을 작용하는 바가 다 공적 영지의 자성에 부합'이 되는 것에 비유될 수 있습니다.

1분선과 견성 성불

현악기를 조율하는 연주자들은 조율된 피아노의 음에 맞춰서 조율을 하곤 합니다. 그렇다면 피아노의 조율은 어떻게 하는 것일까요. 조율사들은 과학적 방법으로 조율을 해서 정확한 음에 맞춰놓는 것이죠. 초보자가 누군가의 도움 없이 악기를 조율한다는 건 매우 난감한 일입니다. 하지만 오랫동안 연주를 한 연주자들에겐 이미 그들의 감각 안에 일정한 음의 높낮이가 있어서 조율이 어려운 일이 아닙니다. 특히 절대 음감을 가진 이들에겐 어려운 일이 아니죠.

선이나 마음공부를 악기의 조율과 연주로 비유하고 있습니다. 악기의 조율은 선이나 마음공부에서의 '견성'과 같고, 악기의 연주란 선이나 마음공부의 '성불'에 맞먹습니다. 조율이 제대로 안된 연주는 연주가 아니라 소음이 되는 것과 같이 공부인들도 견성을 못하고 하는 수행은 제대로 된 수행이 못되고, 정의로운 행동을 한다고 해도 진정한 정의행이 되지 못합니다. 조율이 안된 악기로 아무리 열심히 연주를 해도 연주에 실패하는 것과 같습니다. 마음이 '성품' 또는 '자성'이란 기준을 잡지 못하면 그 마음이 행하는 모든 행위들은 '도'道 또는 '진리'를 벗어난 행위가 되기 때문입니다.

따라서 견성을 하지 못한채로 아무리 열심히 1분선이나 무시선을 행하려 해도 내용면에서 그것을 '선'이라고 하기는 어렵습니다. '수심결'에서 흔히 말하는 '오염수'污染修 '수상문 정혜'隨相門定慧라고 일컫는 것이 되고 마는 것이죠. 견성을 한 사람에게는 마음을 조율하는 데 긴 시간이 필요 없습니다. 그야말로 1분 또는 잠깐이면 충분합니다. 하지만 견성과 거리가 먼 사람에겐 1년, 10년이 걸려도 정확한 마음 조율은 불가할 수 있습니다. 마음공부의 냉엄한 이치입니다.

반복적으로 말하지만 견성 성불이 어렵다고 해서 아무런 노력도 하지 않을 수는 없습니다. 음치라는 소리를 듣더라도 계속해서 조율을 해보고 틀린 연주도 하면서 노력을 해야 언젠가 바른 음을 얻고 제대로 된 연주를 할 수 있게 되는 것과 같은 이치입니다. 견성을 못했어도 마음공부와 선에 정성을 들여야 합니다. 견성을 못했어도 성불에 공을 들여야 합니다. 수많은 시행착오를 거치면서 수행에 정성을 들여야 비로소 견성에 이르고 견성에 바탕한 심신작용으로 제대로 된 일상생활을 할 수 있게 됩니다. 그 과정에 성불도 있는 것입니다. 연주자가 악기를 절대 음에 맞추는 조율을 하는 것을 견성이라고 비유한다면, 초보자가 떠듬떠듬 소리를 내기 시작하고 한 음 한 음 악보를 보고 겨우 한마디씩 연주를 하는 단계를 1분선으로 비유할 수 있습니다. 그리고 숙련된 연주자가 혼자서 조율도 쉽게 하고 어떤 어려운 음악도 제대로 연주를 해내며 즐기는 경지는 무시선법에 통달한 경지라고 할 수 있습니다.

오래오래 해야 백천 삼매

소태산의 가르침은 두 가지 축으로 이뤄져 있습니다. 하나는 '은' 사상을 중심으로 한 인과보응의 신앙문信仰門이고, 다른 하나는 '마음공부'를 중심으로 한 진공묘유의 수행문修行門입니다. 그래서 지은보은知恩報恩 감사생활을 잘하면 천만가지 경계가 천만가지 은혜로 화함을 체험하게 됩니다. 마찬가지로 삼학三學의 마음공부를 잘하면 천만가지 경계에서 천만가지 삼매三昧를 체험할 수 있습니다. 그리고 신앙과 수행은 둘이 아니어서 마음공부를 하지 않고 감사생활을 할 수 없고, 은혜에 바탕한 감사생활 없이 마음공부의 진전이 이뤄질 수 없습니다. 두 가지 공부가 서로 힘이 되어 마음과 생활의 진급을 이끌도록 교리가 구조화되어 있습니다.

소태산은 무시선법에서 '사람이 만일 오래오래 선을 계속하여 모든 번뇌를 끊고 마음의 자유를 얻은즉, 철주의 중심이 되고 석벽의 외면이 되어 부귀영화도 능히 그 마음을 달래어 가지 못하고 무기와 권세로도 능히 그 마음을 굽히지 못하며, 일체 법을 행하되 걸리고 막히는 바가 없고, 진세塵世에 처하되 항상 백천 삼매를 얻을지라, 이 지경에 이른즉 진대지盡大地가 일진법계一眞法界로 화하여 시비선악과 염정 제법染淨諸法이 다 제호醍醐의 일미一味를 이루니 이것이 이른바 불이문不二門이라 생사 자유와 윤회 해탈과 정토 극락이 다 이 문으로부터 나오나니라.'고 마음공부의 구경처를 설하고 있습니다. 특히 '백천 삼매'를 얻는 곳이 바로 '진세'塵世 즉 우리가 생활하는 현실, 티끌세상임을 분명히 하고 있습니다. 티끌과 더러움, 고통과 번뇌의 한가운데서 백천 삼매를 얻을 수 있고 그래야 한다고 설하고 있는 것입니다.

비유하자면 몇 번의 노력으로 거문고의 달인이 될 수는 없습니다. 소율도 못해서 쩔쩔매는 과정을 거쳐야 하고 손이 부르트는 과정도 겪어야 하고 연주가 괴로워서 포기하고 싶은 단계도 거쳐야 합니다. 그래야 거문고의 깊은 맛을 알고 삶과 연주가 혼연일체가 되어 즐기는 수준으로 나아갈 수 있습니다. 마음공부도 마찬가지입니다. '오래오래 선을 계속하여 모든 번뇌를 끊고 마음의 자유를 얻은 즉'이라는 소태산의 말을 명심해야겠습니다. 무시선으로 천만 경계 속에서 백천 삼매를 얻고자 한다면 선 공부를 '오래오래' 해야 합니다. 오래오래 하라고 해서 지레 움츠러들 필요는 없습니다. 마음공부에 대한 서원을 새롭게 하고 정성을 다한다면 선의 맛을 매우 즉각적으로 맛볼 수 있기 때문입니다. 일단 자꾸 해봐야 합니다. 1분이라도! 해보면 압니다.

무시선으로 가는 징검다리

'1분선'이란 새로운 표현보다는 소태산의 수행법인 '무시선', '유무념' 공부나 '주의' 공부 '응용하는데 온전한 생각으로 취사하기를 주의' 하는 공부를 소개하는 것이 소태산의 제자된 도리로서 마땅함을 알고 있습니다. 하지만 이런 가르침을 접해보지 못한 이들에게는 매우 낯선 용어들을 이해해야 하는 선결과제가 수반되고 본격적인 내용을 체험하도록 안내하는 것에도 어려움이 예상되기에 새로운 방편을 고안한 것이 '1분선' 입니다.

소태산의 무시선법은 현대인의 삶의 모습을 미리 예측하고 내어준 현대 수행자들을 위한 자비방편이고 복음입니다. 가능하다면 곧 바로 무시선의 단계로 나아가는 것이 가장 좋습니다. 하지만 경험상 그것이 그렇게 쉽지만은 않음을 알게 되었고 무시선으로 가는 징검다리를 놓고 싶었습니다. 그 징검다리 이름이 1분선인 셈인데 막상 징검다리를 놓고 보니 오히려 장애물을 놓은 것은 아닌지 걱정도 됩니다.

이 책은 소태산 마음학교의 마음공부 프로그램을 위한 교재를 첫 번째 목적으로 삼았습니다. 그리고 선, 무시선, 마음공부 입문자를 위한 안내서의 목적도 있습니다. 틈틈이 소태산 마음학교 앱에 올렸던 마음편지 내용과 오프라인에서 강의했던 원고들을 엮고 보충해서 책자로 만들었습니다. 내용의 완결성이 떨어지지만 실무적 필요에 의해 부족한 그대로 서둘러 출판을 하게 되었습니다. 나중에 시간적 여유를 가지고 내용을 보완할 계획입니다. 독자 여러분의 따가운 비판과 가르침을 기대합니다.

우리 모두 무시선, 마음공부로 좀 더 행복한 삶, 아름다운 삶을 살아가기를 기원합니다.

한 마음 잘 챙기면
천만 경계가 천만 은혜로,
천만 경계가 천만 삼매로 변합니다.

천만 가지 원망이 천만 가지 감사로,
천만 가지 걸림이 천만 가지 자유로,
천만 가지 고통이 천만 가지 즐거움으로,
파란고해가 광대무량한 낙원으로 바뀝니다.

언제 어디서나 한 마음 잘 챙기면
언제 어디서나 마음공부 잘 하면
그것이 무시선입니다.

1분선
一分禪

02
마음편지

오래 전부터 써오던 마음공부에 관한 짧은 글들입니다.
주로 소태산 마음학교 엡에 실렸던 글들 가운데서
1분선에 관련해 함께 음미해도 좋겠다 싶은 글들을
추려서 실었습니다.

그 누구

깊은 겨울잠 자던 개구리는
누가 깨웠죠?

소리 없이 향기를 뿌리는 매화는
누가 피웠을까요?

이 산 저 산 가득한 보얀 봄기운은
누가 퍼 올리고 있는 거죠?

나를 끝없이 살려주시는 그 누구.

눈을 뜨면 온 세상 가득하고
눈을 감으면 그윽하게 다가오는 그 누구.

감사하다는 말로는 부족한
그 누군가를 느끼는 것.

그 누군가를
따뜻한 마음으로 맞이하는 것.
봄맞이 선禪입니다.

잠시 조율

"거문고를 탈 때 줄을 너무 조이면 어떻더냐?"
"소리가 잘 나지 않습니다."
"너무 늦추면 또 어떻더냐?"
"그 때도 소리가 잘 나지 않습니다."
"그렇다. 너의 공부도 그와 같다.
정진을 할 때 너무 조급히 하면 들뜨게 되고
너무 느슨하면 게으르게 된다.
그러므로 알맞게 하여 집착하지도 말고 방일하지도 말아라."
석가모니 부처님과 제자의 문답감정입니다.
악기를 연주하기 직전,
연주자는 반드시 조율을 합니다.
악기의 음이 맞아야
제대로 소리를 낼 수 있으니까요.
마음을 챙긴다는 것은
잠시 조율을 하는 것과 같습니다.
마음과 몸으로 삶을 연주하기 전,
잠시 멈춰서 나를 조율합니다.
보이지 않지만 존재하는 표준음에.
오늘 나의 연주가 아름답기를,
우리의 협연 또한 아름답기를 바랍니다.

1분의 편안함

분주함 속에서도 잠시
여유로운 시간을 가져보세요.
1분이라도.
꼬리를 무는 분별을 잠시 그치고
머리를 쉬어보세요.
1분이라도.
하고픈 말들 잠시 멈추고
마음을 쉬어보세요.
1분이라도.
창밖을 물끄러미 바라보며
가을과 하나가 되어보세요.
1분이라도.
1분선禪이란 1분이라도 마음을 편안히 쉬는 연습입니다.
이 공부가 소중한 이유는,
1분이 2분 되고, 2분이 3분 되고,
1시간도 되고, 평생도 될 수 있기 때문입니다.
틈틈이
선禪으로 쉬어가는
여유로운 하루가 되기를 기원합니다.

젖은 빨래처럼

의자에 앉습니다.
온 몸의 긴장을 풀어헤치고
젖은 빨래처럼 몸을 널어버립니다.
비 개인 따뜻한 봄날
햇볕으로 따뜻해진 바위에 빨래를 널 듯,
의자에 너부러집니다.
영원히 뜨지 않을 것처럼 눈을 감고,
깊고 편안하게 숨을 쉽니다.
가만히 있으면 됩니다.
마음에 아무 생각도 없이.
따뜻한 햇볕에 나를 말린다고 생각하시고
잠시 쉬어보십시오.
몸이 쉬면 마음도 따라서 쉽니다.
마음이 쉬면 몸도 긴장을 풉니다.
멀리 가지 않고,
그냥 지금, 여기서, 잠시 쉬어보시죠.
참 좋습니다.
선禪은 쉼입니다.

반딧불이

만덕산 밤길을 산책하는데
반딧불이가 길을 밝혀주네요.
길보다는 마음이 환해지네요.
마음이 금새 동심으로 돌아가는군요.
반딧불이가 꽁지에 불을 밝히고
푸른빛으로 비행궤적을 그리곤
잠시 사라져버립니다.
어둠과 하나가 되어 자취를 감추네요.
깜깜한 어둠속에서 잠시 사라진
반딧불이가 다시 반짝 나타날 걸
기다리며 생각했습니다.
그래, 반딧불이도 잠시 멈추는구나
준비하는구나…
누구에게나
멈추고, 호흡을 고르고, 준비하는
어두운 시간이 필요하구나…
생각해보니 선, 명상이
바로 그 어두운 시간인 것 같습니다.

뿌리 보기

영산성지 백수 해안도로변에는
해당화 향기가 가득하더군요.
자주 못 보는 꽃이라 좀 꼼꼼히 보았습니다.
작은 열매는 꽃처럼 예쁘고,
줄기에는 가시가 촘촘하더군요.
향기까지 맡아보고 돌아서면서
'뿌리 쪽은 안봤네' 하는 생각이 스쳤습니다.
해당화도 그렇지만,
누군가의 말을 듣거나 행동을 볼 때에도
그 뿌리까지 보아야 하는데 말입니다.
쉽지 않죠.
내 말과 행동도 마찬가지죠.
그 뿌리를 잘 보아야겠습니다.
겉으로 드러난 것이 다가 아님을
유념해야겠습니다.
1분이라도 잠시 멈추고 뿌리 보기.
꽃과 열매에 대한 예의지요.
꽃을 볼 때마다, 열매를 볼 때마다,
뿌리까지 보는 공부를 해야겠습니다.

같음을 확인하는 시간

누군가를 마주합니다.
분명 나와는 다른 사람입니다.
세상에 나와 같은 사람은 없으니까요.
잠시 마음을 비우고
말없이 상대를 보고, 나를 봅니다.
깊고 온전하게.
이 짧은 시간은
서로의 다름이 아니라,
서로의 같음을 확인하는 시간입니다.
나의 마음 바닥으로 내려가,
당신의 마음 바탕까지 가는 시간입니다.
누구를 만나든,
무엇을 마주하든,
가만히 서로를 응시하고,
서로를 깊이 느끼는 시간이 필요합니다.
모든 존재는 같지 않지만,
꼭 다르지만도 않죠.
다른 것들이 서로 같음을 확인하는 시간은
아름답고, 은혜롭습니다.
새로운 무언가가 열리는 순간입니다.

받아들이는 시간

단비를 스며들게 하는 부드러운 흙처럼
모든 것을 잘 받아들이면 좋겠습니다.
어머니가 아이를 따뜻하게 안 듯이
모든 이들을 잘 받아들이면 좋겠습니다.
아름다운 종소리를 감싸주는 허공과 같이
어떤 소리도 잘 받아들이면 좋겠습니다.
듣기 싫은 소리라고 튕겨내지 말고,
보기 싫은 사람이라고 마음 문 닫아걸지 말고,
어려운 경계라고 미리 겁먹지 말고,
잘 받아들이는 사람이 되고 싶습니다.
오늘도 마음을 봅니다.
무엇을 튕겨내고 있는지,
무엇을 잘 받아들이고 있는지,
그리고 받아들이는 데 시간이 얼마나 걸리는지…….
마음의 경계를 녹이고,
마음을 한 없이 부드럽게 하면,
모든 것들을 받아들이게 됩니다.
그래서 선禪이란 '받아들임' 인지도 모릅니다.

땅따먹기

아이들이 땅에 큰 원을 그리고
편을 나눠서 땅따먹기 놀이를 하죠.
작은 돌을 세 번 튕겨서
내 땅을 크게 차지하면 이기는 겁니다.
요즘 아이들은 잘 모르는 놀이죠.

정신없이 놀다가 밥때가 되면
어머니가 '그만 들어와서 밥 먹자!' 하면
아등바등 땄던 땅도 아무 소용 없어지죠.
발로 쓱쓱 문질러서 지워버리니까요.

내 땅과 네 땅의 경계가 한순간 사라집니다.
놀이터는 언제 그랬냐는 듯이 고요해집니다.

아름다운 소나무를 교당으로
옮겼으면 좋겠다는 제자에게
기어이 그럴 것이 있겠냐며

'큰 우주의 본가'를 발견하라고 하셨던
소태산 부처님이 생각납니다.

큰 우주의 본가가 어디 있냐는 제자에게
'그대가 지금 보아도 알지 못하므로
내 이제 그 형상을 가정하여 보이리라' 하시고,
땅에 일원상(○)을 그리셨던
소태산 스승님이 생각납니다.

부질없는 땅따먹기가 아니라
큰 우주의 본가에서 살아야겠습니다.

부질없는 금, 분별, 경계를 쓱쓱 문질러 지우는 데는
1분이면 충분합니다.

더 깊어져야

마음은
그냥 넓어지지 않고
깊어져야
넓어지는 것 같습니다.

분별의 가지를 지나려면
뿌리로 돌아가면 되듯이.

너와 나의 경계를 넘으려면
더 깊어져야겠습니다.

더 깊어지면
더 넓어집니다.

저 벌레, 어디서 왔을까

잠을 자려는데
벌레 한 마리가 벽에 붙어 있네요.
방에서 쫓아내야 할지
그냥 내버려 둘지 고민(?)하다가,
저 벌레는 도대체 어디서 왔을까?
또 어디로 사라져 갈까?
가만히 생각합니다.
벌레가 아니라
한 마음, 한 조각 번뇌도 마찬가지.
어디서 왔다가 어디로 가는지….
오고 가는 벌레를 보며
마음의 생멸生滅을 보고,
마음의 행로行路를 봅니다
내 마음을 깊이 보는 게
선禪이고 마음공부죠.
어디서 왔다가 어디로 가는지를 똑똑히 알면
그게 견성見性이고 깨달음이겠지요.
벌레 보면서도 1분선입니다.

가만히 있어보자

복잡한 일 앞에서 난감할 때,
"가만히 있어보자…"라고 하죠.

괜히 마음이 요란할 때,
"가만히 있어보자…"라고 하죠.

'가만히 있어보기'가 잘 되던가요.
쉽지 않습니다.
하고 또 하고, 훈련을 반복해야죠.
'가만히'는 '정신수양', 멈추는 공부입니다.
'보자'는 '사리연구', 지혜롭게 생각하는 공부입니다.
이 공부를 해야 '온전한 생각으로 취사하기'가 가능합니다.

그러려면, 아침에 '좌선'을 챙겨야 합니다.
마음공부의 기초가 되기 때문입니다.

잠에서 깨어나 1분이라도, 5분이라도
가만히 있어보십시오.

내가 새로워집니다.
새로운 세상이 열리기 시작합니다.

지금 이 글을 읽으신 분들은
"이제 나는 좌선하는 사람이다!"라고 선언하십시오.
그리고 1분이라도 하면 됩니다.
수행은 그렇게 시작하는 겁니다.

그냥 아무것도 하지 말고,
가만히 있어보십시오.

못 들은 척

듣기 싫은 소리가 있습니다.
마음에 거슬림과 요란함이 일어나죠.

들어야만 하는 말은
듣기 싫어도 들어야합니다.
하지만 별 잘못도 없는 데 듣게 되는
억울한 말은 어떤가요?
어떻게 해야 하나요?

가끔은, '들어도 못 들은 척' 해 봅니다.
그런데, 그게 쉽지 않습니다.
마음을 비우는 힘이 모자라기 때문이죠.

내 마음을 1분, 2분, 3분 들여다보면서,
못 들은 척, 안 들은 걸로……해 봅니다.
흘려보낼 것들을 흘려보내는 공부.
선禪입니다.

깊고 부드러운 숨

마음이 거칠어지면
숨도 거칠어집니다.
마음이 부드러워지면
숨도 부드러워집니다.

숨을 거칠게 쉬면
마음도 따라서 거칠어지기 쉽고,
숨을 부드럽게 쉬면
마음도 따라서 부드러워집니다.

거친 숨이 부드러워지면 숨은 다시 깊어집니다.
숨이 부드럽고 깊어지면 숨은 또 맛있어집니다.
그윽하게 맛있고, 즐겁고, 행복합니다.
숨도 그렇고 마음도 그렇죠.

들숨과 날숨이 서로 사랑에 빠져서
날숨과 들숨이 서로를 기다리는 것 같아요.

유념만 잘하면
누구나 맛볼 수 있는 지극한 행복입니다.

틈 선

단추를 누르고 기다립니다.
숫자 표시가 바뀌고 있습니다.
1, 2, 3, 4…
승강기가 올라오고 있습니다.

잠시 기다리는 틈에 내 마음을 봅니다.
초조할 수도 있고 무료할 수도 있죠.
어떤 생각에 빠질 수도 있습니다.

챙겨보면 이런 틈은 참 많죠.
문이 열리는 순간.
버스를 기다리는 순간.
전화 신호음을 들으며 상대를 기다리는 순간…

작은 틈을 선심으로 채우면
내 삶은 은혜로 가득해집니다.

틈과 틈이 모여 인생이 되니
틈틈이 하는 마음공부가 참 소중합니다.

마음 거울

출근길 사람들
씻고 닦고 해서 말끔하죠.
몇 번씩이나 거울을 보았겠죠.
집집마다 있는 거울을.
각자 알아서 씻고 닦지 않으면
누가 대신해주겠어요.
하나님도 못할 것 같아요.

마음거울도 그런 것 같아요.
각자 마음에 있는 거울보고
각자 마음을 씻어내야죠.
누가 내 마음을 닦아주겠어요.

집집마다 거울이 있듯
우리들 마음마다 마음거울이 있죠.
마음거울 본 걸 견성이라 하고
마음거울에 비춰보고 마음 닦는 걸
마음공부라고 해도 될 듯하네요.
거울 볼 때마다
마음거울도 봐야겠어요.

엄청난 선물 앞에서

갈구하는 마음이 쉬고
텅 비고 한가로워지면
안 보이던 것들이 보이기 시작합니다.

내게 주어진 것들이 참 많고
내가 누려온 것들이 너무 많다는 것을.
나를 둘러싼 것들이 모두
내게 주어진 선물임을 깨닫게 됩니다.
마음이 소박해지는 만큼 선물도 커져서
온 세상이 마침내 선물이 됩니다.

작은 선물은 상자에 넣을 수도 있고
예쁜 포장지로 쌀 수도 있지만
이 세상이란 선물은 너무 커서
어디에 넣을 수도 없고 포장을 할 수도 없군요.

혹시 내 마음이 닫혀있어서
이토록 큰 선물을 못 받고 있는 것은 아닌지
마음 빗장을 만져봅니다.
자칫하면 수취인 불명으로 돌아갈 수도 있죠.

온 세상이 온통 들어오도록
마음 문을 활짝 열어야겠어요.

마음이 열리는 만큼 은혜도 가득합니다.

더 늦기 전에

가로수 이파리마다 빛나는
햇볕 한 줄기가 그렇게 아름다운 줄
예전엔 몰랐답니다.

물 한 모금이 그렇게 소중한 줄
예전엔 정말 몰랐답니다.

입에다 죽을 떠 넣어주는
아내의 손길이 그렇게 고마운 줄
예전엔 하나도 몰랐답니다.

일주일간 혼수상태에서
저승(?)을 헤매다 돌아와
새 삶을 얻은 분이 오래도록 해준 이야기입니다.

소중하지 않은 것이 없고
고맙지 않은 것이 없다는 것.
더 늦기 전에 깨달아야겠습니다.

그래서 선(禪)

지금 이 순간이 참 소중합니다.
더이상 소중할 수 없어서
더이상 잘 쓸 수 없이
이 순간을 느끼고
이 순간을 보낼 때
이 순간은 선(禪)이 되나봅니다

당신이 참 소중합니다.
더 이상 소중할 수 없어서
가장 존귀하게 대할 때
당신은 부처님이 되나봅니다.

나도 그렇고 당신도 그렇고
흘러가는 시간도 그렇습니다.

참 소중하고
참 존귀합니다.

오늘 하루도
그렇게 살아야겠습니다.

마음의 장벽

밥 먹기 싫다고 합니다.
차 마시기 싫다고 합니다.
산책가기 싫다고 합니다.
사실은, 함께 해야 할 누군가가 싫어서죠.

안 먹던 음식도 좋답니다.
안하던 등산도 좋답니다.
싫다던 커피도 이젠 마신다 하네요.
사실은, 좋아하는 이와 함께하기 위해서죠.

사람인데 좋고 싫음이 왜 없겠어요?
하지만 거기에 너무 끌리면
마음의 장벽에 갇히고 말죠.
그 안에서 삶은 초라해집니다.

마음의 장벽을 높이 쌓으면서
마음이 어떻게 자유롭겠어요.
너무 좋아하고 너무 싫어하는 마음을
깊이 들여다봐야겠습니다.

깊은 포옹

선禪은
포옹과 같아요.

세상에 내가 안기고
내 품에 세상이 안겨서
서로 따뜻하고 깊어집니다.

말은 잦아들고
괜한 것들 녹아버리죠.

아무것도 아닌데
너무나 간절하죠.

깊은 포옹은
선과 많이 닮았습니다.

마음 연주

풀어놓았던
거문고나 첼로의 줄을 알맞게 조여
음을 맞춥니다.
조율調律, 튜닝tuning이라고 하죠.
잘 조율된 악기에는
온갖 소리가 담겼으나 아직 침묵합니다.
이제 연주를 시작합니다.
기쁨, 노여움, 슬픔, 즐거움들이
쏟아져 나오면서 무언가를 이야기합니다.
들리지도 보이지도 않던 마음들이
악보에 담겼다가 온갖 소리로 나타나
듣는 이의 마음을 울리고
세상으로 퍼져나갑니다.
이제 연주가 끝났습니다.
악기는 다시 침묵하고
줄은 풀려서 휴식합니다.
조율도 선禪,
연주도 선禪,
공감도 선禪,
휴식도 선禪입니다.

마음이 답

오늘 나는
무언가를 시작할 수 있고
무언가를 그만둘 수도 있죠.

오늘 나는
희망을 품을 수 있고
절망에 빠질 수도 있죠.
원망할 수도 있고
감사할 수도 있습니다.

오늘은 내 마음에 달렸고
내 인생도 내 마음에 달렸죠.

마음이 답!
가장 용기 있는 자의 답입니다.

03
마음 챙기는 하루

누구나 하는 하루 일과를 따라
틈틈이 마음을 챙겨봅니다.
마음을 챙기는 하루와 방심하고 보내는 하루는
어마어마한 차이를 낳습니다.

하루가 24시간인 것을 생각해서
24꼭지로 써봤습니다.

깨어나기 24-1

깊은 잠에서 깨어납니다.
그냥 벌떡 일어나지 않습니다.
깊은 잠을 좀 더 음미하고
전생과 같은 잠을 돌아봅니다.
어둠이 밝아지듯
서서히 돌아오는 의식을 알아차립니다.
어쩌면 이 순간은
죽음에서 삶으로 넘어오는 순간이고
놀라운 부활의 순간인지도 모릅니다.
몸이 놀라지 않게 손가락도 꼼지락 발가락도 꼼지락
목도 천천히 돌리고
몸을 천천히 움직이며 주물러줍니다.
오늘 첫 마음은 감사의 마음입니다.
오늘 숨을 쉴 수 있어서 감사합니다.
오늘 눈을 뜰 수 있어서 감사합니다.
오늘 새 날을 맞이해서 감사합니다.
오늘 하루를 살게 해주셔서 감사합니다.
오늘 하루 마음공부를 하게 해주셔서 감사합니다.
오늘 하루 감사보은을 하게 해주셔서 감사합니다.
무한한 감사의 마음으로 하루를 시작합니다.

1분 선

깜깜한 어둠 속에서 잠시 마음을 챙깁니다.
깨어나기 전을 돌아봅니다.
마음과 몸을 천천히 부드럽게 깨웁니다.

○

이른 아침 정해진 시각에 기상하려면
오랜 기간 정성스럽게 훈련해야 합니다.
게으른 자신과 싸워서 이겨야 합니다.

○○

몸과 마음이 상쾌하게 일어나려면
전날 생활을 잘해야 합니다.
절도 있는 생활이 체질화되어야 합니다.
몸이 알아서 일찍 깨어나도록 길이 들어야 합니다.

○○○

아기가 방실거리며 잠에서 깨어나듯이
행복하게 깨어납니다.
밤새 다물었던 나팔꽃이 꽃잎을 벌려 피어나듯이
아름답게 깨어납니다.
깨어나는 것만으로도 즐거움이 가득하게
그렇게 깨어납니다.

잠시 기도하기 24-2

소중한 하루를 시작합니다.
오늘 하루 어떤 일이 일어날까요.
오늘 하루 어떤 일을 할까요.
오늘 하루 어떤 일을 할 수 있을까요.
무엇을 위해 오늘 하루를 살아야 할까요.
누구의 도움이 필요한가요.
잠시 몸과 마음을 가지런히 하고
기도합니다.
불교인은 부처님께
기독교인은 하나님께
원불교인은 법신불 사은님께
종교가 없는 사람은 진리와 이 세상 모두를 향해서
잠시 기도합니다.
조용하지만 간절히 기도합니다.
오늘 하루가 어떤 하루가 될지 모르지만
내가 맞이하는 오늘 하루는
내 한 마음에 응답하는 하루가 될 것입니다.
짧은 기도, 1분이면 됩니다.

1분 선

마음을 챙겨 양치를 하고 세수를 한 다음에
1분 정도 간절히 기도합니다.

○

마음을 챙기고 또 챙겨야 합니다.
좋은 습관을 들이려면 반복해야 합니다.

○○

기도의 맛을 느끼게 됩니다.
기도하는 삶과 기도하지 않는 삶의 차이를 알게 됩니다.

○○○

나를 둘러싼 모든 존재와 마음을 연합니다.
끝을 모르는 우주와 하나임을 느낍니다.
세상과 내가 따로 떨어진 외로운 하루가 아니라
모든 존재, 세상과 함께하는 하루입니다.
세상의 푸근한 품에 안겨서 하루를 시작합니다.
나의 크기가 무한히 커집니다.
세상은 나를, 나는 세상을 위하는 하루를 시작합니다.

마음 충전하기 24-3

밤새 휴대폰을 충전하듯이
밤잠을 자면서 나도 충전을 했죠.
우주가 해주는 자동충전입니다.
이제 마음 충전을 다시 합니다.
잠시 시간을 내서 좌선을 합니다.
이왕이면 정해진 시간에 합니다.
좌선이어도 명상이어도 좋습니다.

좌선을 할 때는
단전에 마음과 기운을 머물게 합니다.
마치 휴대폰 단자에 충전기를 꽂듯이.

마음을 텅 비우고 그 빈 마음에 차오르는
우주의 에너지를 채웁니다.
내 에너지가 얼마나 채워졌는지
주의 깊게 살펴봅니다.
고갈된 마음이 아니라
충만한 마음으로 하루를 시작합니다.

1분 선

마음을 챙겨서 1분 정도 가만히 앉아 있습니다.
좌선의 습관을 들이기 시작합니다.
아무 생각 없이 그냥 편하게 앉는 습관을 들입니다.
1분이 2분이 되고, 3분이 되다가 나중에는 무시선으로
이어집니다.

○

처음에는 일정한 시각과 장소에서
일정한 시간 동안 반드시 선을 합니다.
몸과 마음을 길들입니다.

○○

처음에는 불편하기도 하지만
몸과 호흡과 마음을 편안하게 길들입니다.

○○○

보이지 않는 에너지로 가득합니다.
가만히 있어도 든든하고 행복합니다.
이름 할 수 없는 쾌감이 가득합니다.
마음과 몸이 아주 편안하면서도 힘찹니다.
세상을 위해 보은하고 싶은 마음이 샘솟습니다.

몸 풀기 마음 풀기 24-4

잠시라도 몸을 풉니다.

스트레칭도 좋고 요가도 좋고
기체조도 좋습니다.
원불교 선요가도 좋습니다.

요즘은 유용한 동영상이 참 많지요.
틀어놓고 따라해도 좋습니다.

몸을 풀면 마음도 풀립니다.
굳은 몸을 유연하게
경직된 마음을 부드럽게 합니다.

오늘 맞이할 사람들과 일들과 경계들을
부드럽고 유연하게 맞이해야죠.

잠시 행하는 몸풀기는
의외로 큰 힘과 기쁨을 줍니다.

1분 선

마음을 챙겨서 몸 푸는 시간을 냅니다.
1분으로 시작해서 점점 늘려갑니다.

○

피곤해도 습관이 되도록 정성을 다합니다.

○○

몸풀기의 공덕과 즐거움을 알게되어 정성을 이어갑니다.

○○○

손을 쥐어도 쾌감이 가득하고 손을 펴도 쾌감이 가득합니다.
굳은 근육이 펴지면서 아픈 가운데 깊은 쾌감이 솟아납니다.
온몸에 기운이 잘 퍼져서 기분이 참 좋아집니다.
몸을 설렁설렁 움직이는 것만으로도 행복합니다.

감사보은의 출근길 24-5

출근길! 걱정하지 마세요.
불안해하지 마세요.
뭔가에 쫓기지 마세요.
은혜로 충만한 마음으로
힘찬 발걸음으로 출근합니다.
걸음걸음마다
'감사합니다!'
'감사합니다!'
'감사합니다!'
'감사합니다!'
'감사합니다!'
행복 주문을 외웁니다.
'감사합니다, 감사합니다.'
모든 경계를 극복할 주문입니다.
내가 받은 은혜에 감사하고
그 은혜에 보은하겠노라 다짐합니다.
버스정류장, 지하철 정류장까지
100걸음이면 100번의 감사를 합니다.
걸음마다 감사하며 출근합니다.
은혜와 감사가 오늘 하루를 채울 것입니다.

1분 선

분주한 아침이지만 마음을 챙깁니다.
'감사합니다.' 라고 주문처럼 외워봅니다.
1번도 좋고 10번도 좋습니다.
변화하는 삶을 느낄 수 있습니다.

○

유념공부 삼아 마음을 챙깁니다.

○○

감사생활의 공덕과 기쁨을 느끼게 되어 정성을 계속합니다.

○○○

감사함을 느낄 때마다
마음이 따뜻해집니다.
상극의 기운은 멀어지고
상생의 기운이 다가옵니다.
감사함만으로도
충분히 행복합니다.

엘리베이터 앞에서 24-6

엘리베이터를 기다립니다.
19, 18, 17, 16…
천천히 내려오네요….
이때 마음은 어떤가요.
엘리베이터를 기다리는
이 짧은 시간들이 모여서
내 하루, 내 인생이 됩니다.
이 짧은 시간을 어떻게 보낼까요?
우선
마음도 편안히 하고
몸도 편안하게 합니다.
그리고
이 짧은 시간을
영원함으로 이어줍니다.
짧은 시간을 부스러뜨리지 않고
무심히 흘려버리지도 않습니다.
이 순간도
무엇과 바꿀 수 없는 귀중한 시간입니다.

1분 선

마음을 챙겨서 서두르지 않고 동동거리지 않습니다.
바르게 서서 호흡을 편안히 합니다.
여유롭고 유용하고 행복한 시간으로 삼습니다.

○

마음을 챙기고 몸도 챙깁니다. 유념합니다.

○ ○

몸과 마음의 긴장을 풀고 기운을 바르게 합니다.

○ ○ ○

이 시간이 더 없이 소중합니다.
무언가를 기다리기 위해
'지금'에 소홀하지 않습니다.
무엇을 하기 위해
'지금'을 희생하지 않습니다.
가치 있는 시간과
쓸모없는 시간의 구분이 부질없습니다.
큰 시간과 작은 시간의 구분도 사라집니다.
그냥 하나의 흐름이 흘러갈 뿐.
너무나 소중하고 신비로운 시간이 흘러갈 뿐입니다.

자동차에서 24-7

차문을 열고 운전석에 앉습니다.
차문을 닫고 다시 바르게 앉습니다.

시동을 걸어 전진하기 전
마음을 챙겨 잠시 멈춥니다.

잠시 기도합니다.
"감사합니다.
운전을 시작합니다.
안전하게 운전하겠습니다.
안전하게 도착하도록 도와주십시오."

마음도 차분히 기운도 차분히
운전도 차분히 합니다.

몇 초만 마음을 챙겨도 마음은 편안해지고
여유롭고 즐거워집니다.
주의도 깊어져서 운전도 안전해집니다.

1분 선

마음을 챙겨서 자세를 바르게 하고, 호흡을 편안히 합니다.
서두르는 마음을 가라앉히고 잠시 안전 운전을 위해 기도합니다.

○

마음을 챙깁니다. 유념합니다.
운전을 서두르지 않습니다.

○○

몸과 호흡과 마음을 편안하게 합니다.
자동차와 하나가 되어 호흡을 맞춥니다.

○○○

마음이 앞서 달리지 않습니다.
자동차와 내가 하나가 되어
가야 할 길을 갑니다.
적절한 속도로.

신호등을 보고 조심하면서도
기운은 평순하고
마음도 온전해서
편안하고 즐겁습니다.

반갑게 인사하기 24-8

그대가 반갑게 인사를 합니다.
내 마음이 따뜻해집니다.
내가 반갑게 인사를 하면
그대의 마음도 따뜻해지겠지요.
종종 나도 모르는 시무룩함에 빠져서
반갑게 인사할 때를 놓치곤 합니다.
잠시 마음을 챙기지 못한 까닭이죠.
내가 마주하는 사람은
또 다른 세상입니다.
이 생각 저 생각 잠시 비우고
새 마음으로 새 세상을 만납니다.
따뜻한 마음으로 웃으며 인사합니다.
'반갑습니다' 라고.
나와 그대가 만나는 순간은
또 다른 세상이 열리는 순간입니다.
만나서 인사를 하는 순간은
새 세상의 문을 여는 순간입니다.
세상 모든 인연을 향해 세상 모든 존재를 향해
반갑게 인사합니다.
'반갑습니다. 반갑습니다, 반갑습니다….'

1분 선

누군가와 마주칠 때 마음을 챙겨서 인사합니다.
내가 먼저 반갑게 인사하기를 유념합니다.
미리 마음을 챙기고 있어야 때를 놓치지 않을 수 있습니다.

○

인사할 때를 놓치지 않습니다.

○○

마음을 담아 인사를 합니다.

○○○

누군가를 만난다는 것은
또 다른 세상과의 조우.

누군가를 만난다는 것은
또 다른 나와의 만남.

만날 때마다 매우 낯설고
만날 때마다 매우 친근합니다.

반갑고, 설렙니다.
무언가 새로운 세상이 열리고 있습니다.

단전에 기운과 마음 두기   24-9

앉아 있을 때도 서 있을 때도 걸어갈 때도
단전에 기운을 주하고 단전에 마음을 둡니다.
행동은 진중해지고 몸은 중심이 잡히고
마음은 고요하고 편안해집니다.

단전 중심을 잡다보면
몸과 호흡과 마음에 중심이 잡혀서
삶에도 중심이 잡힙니다.

자칫하면 머리로 살아서 머리가 복잡하고 뜨거워지죠.
툭하면 가슴으로 살아서 가슴을 헐떡거리기 쉽죠.
그럴 때마다 단전으로 기운을 내려
불기운은 아래로 내리고 물기운은 위로 오르게 합니다.

깊은 즐거움이 내 아랫배에서 차오릅니다.
삶이 맑고 밝고 훈훈해집니다.
단전으로 호흡하고 단전으로 말하고
단전으로 듣기를 주의합니다.

1분 선

늘 단전을 지켜보고, 느끼고,
마치 단전으로 숨을 쉰다고 여깁니다.

○
의식적으로 마음과 기운을 단전에 머물게 합니다.
○○
늘 마음과 기운을 단전에 머물게 합니다.
○○○
깊은 즐거움이
아랫배에서 차오릅니다.
전신으로 퍼져나갑니다.

느낌도 달라지고
마음도 달라지고
행동도 달라집니다.

삶이 좀 더 맑고 밝고 훈훈해집니다.
다른 세상에 사는 것 같습니다.

전화 받기 24-10

전화기가 울립니다.
무심코 덜컥 받지 않고
잠시 마음을 챙깁니다.

전화 통화를 할 때에도 상대방 말을 잘 듣고
대답을 할 때에도
온전한 생각으로 말합니다.

어떤 통화는 불쾌함을 남기고
어떤 통화는 상쾌함을 남기죠.

어떤 통화는 차가움을 남기고
어떤 통화는 따뜻한 여운을 남기죠.

통화를 잘 하는 것이 소통을 잘 하는 것이고
만남을 잘 하는 것이죠.
전화기가 울릴 때마다 마음을 챙깁니다.

1분 선

전화가 울리면 2-3초라도 온전한 마음을 챙깁니다.
숨 한 번 만 제대로 쉬어도 됩니다.

○

정보를 잘 주고받습니다.

○○

감정과 기운과 마음까지 잘 주고받습니다.

○○○

공간이 나뉘어 있어도
상대의 마음도 잘 알겠고
내 마음도 잘 전할 수 있습니다.
만나지 않아도 더 잘 만난 것 같습니다.

선식하기 24-11

선식禪食은 특별한 식단이 아닙니다.
마음을 잘 챙겨서 먹으면 선식이죠.

선하는 사람들이 먹는 음식이 선식이 아니라
선심禪心으로 음식을 먹으면 선식인 것이죠.

맛으로만 먹거나 사치로 먹거나 탐욕으로 먹지 않습니다.

아무리 소박한 음식도 거룩한 은혜의 산물이니
감사의 예를 갖추고 온전히 은혜를 받아들입니다.

내가 지금 먹는 김치 한쪽,
내가 마시는 물 한 모금이
결국 나를 살려주는 우주의 은혜입니다.
'나' 입니다.

마음을 잘 먹고 음식을 잘 먹습니다.
음식 맛도 더 깊이 느끼게 되고
삶의 맛도 더 깊이 느끼게 됩니다.

1분 선

마음을 챙겨 잠시 감사의 기도를 합니다.

○

감사한 마음으로 먹습니다.

○○

은혜를 깊이 느끼며
보은을 다짐하며 먹습니다.

○○○

맛없는 음식이 없어집니다.
세상이 나를 살려주시는 음식에
감사합니다.

우주를 천천히 씹어 먹습니다.
우주의 조각들이 내게 들어와
서서히 내가 되는 것을 느낍니다.
먹여 살려주시는 은혜에 감사합니다.

산책하기 24-12

'휴식이나 건강을 위하여 멀지 않은 거리를 천천히 거닒'
산책散策의 사전적 풀이입니다.
산책의 '산' 散은 '흩다, 헤어지다, 풀어놓다' 라는 뜻이고
산책의 '책' 策이란 글자는 '채찍, 지팡이' 의 뜻입니다.
그 뜻이 참 깊습니다.
산책이란 채찍을 놓아버리는 것이죠.
누군가를 독촉하는 채찍을 놓고
나를 채근하는 채찍을 놓아버리는 것이죠.
따로 시간을 내어도 좋고
여기서 저기로 잠시 걸어갈 때도 좋습니다.
마음의 채찍과 헤어져
홀가분하고 여유로운 마음으로
천천히 거닙니다.
무언가에 쫓겨서 종종거리거나 허둥대지 않고
마음을 챙겨서 여유롭게 거닐면 **빠른** 걸음도 산책이 됩니다.
단전과 발바닥에 기운을 두고 편안한 마음을 챙기고
한걸음, 한걸음 걷습니다.
한 걸음 한 걸음이 모여서 한 생이 되겠지요.

1분 선

산책 시간을 정해서 산책을 합니다.
집 앞 가게를 갈 때도 그냥 가지 않고
산책한다는 마음을 챙겨서 갑니다.

○

들떴던 기운과 마음이 가라앉습니다.

○○

기운과 마음이 편안해집니다.

○○○

이 순간이 참 좋습니다.
은혜가 가득하고
그윽한 기쁨이 가득합니다.
고요하고 두렷하고 지혜로운 마음이 됩니다.

감사 인사하기 24-13

식탁에 앉아서도 '감사합니다.'
콩자반 하나를 집으면서도 '감사합니다.'
물 한 잔을 마시면서도 '감사합니다.'
내 곁에 있는 가족에게도 '감사합니다.'
일터로 나가면서도 '감사합니다.'
걸으면서도 '감사합니다.'
눈부신 햇살에도 '감사합니다.'
내리는 빗줄기에도 '감사합니다.'
만나는 사람마다 '감사합니다.'

역경을 겪어도 '감사합니다.' 라고 인사합니다.
한 마음 챙겨서 매사에 늘 감사합니다.

1분 선

매사에 잠시 감사의 마음을 챙깁니다.

◯

입은 은혜를 잊지 않습니다.

◯ ◯

은혜에 감싸인 나를 발견합니다.

◯ ◯ ◯

감사할수록 행복합니다.
은혜로운 나를 만나고
은혜로운 세상을 만납니다.

할 일이 많아집니다.
힘과 용기가 생깁니다.

주고받기 24-14

가정에서 나는 무엇을 주고받고 있나요.
일터에서 나는 무엇을 주고받고 있나요.
길을 거닐면서 나는 무엇을 주고받고 있는 걸까요.

이 세상에서 살아가는 동안
나는 무엇을 어디로부터 얼마나 어떻게
받고 있고 또 주고 있는 걸까요.

지금 한 마음 챙겨야 나도 모르게 내가 받고 있는 것,
나도 모르게 내가 주고 있는 것을 알아차릴 수 있습니다.

결국
준 것을 되돌려 받고 받은 것을 되돌려 주는데
마음을 잘 챙기면 주고받음이 점점 아름다워집니다.
나도 모르게 받고 있는 은혜를 보고 또 보아야 합니다.

내가 무언가를 줄 때는 마음을 잘 챙겨서 주어야 합니다.
잠시 멈춰서 지금 나와 세상의 주고받음을 지켜봅니다.

1분 선

지금 내가 몸과 마음으로 받고 있는 것을 섬세하게 느껴봅니다.
지금 내가 몸과 마음으로 주고 있는 것을 세밀하게 알아챕니다.

○

내가 받고 있는 것을 잘 알아차립니다.
내가 주고 있는 것을 잘 알아차립니다.

○○

내가 받는 이유가 보입니다.
내가 주는 이유를 볼 수 있습니다.

○○○

세상 존재들의 서로 주고받음을 봅니다.
그 신비로운 주고받음의 관계를 봅니다.
그 경이로움 안에서 나를 봅니다.

물건 만지기 24-15

내 손은 무언가를 계속 만지고, 잡고, 쓰고, 놓습니다.

베개를 만지고 그릇을 만지고 젓가락을 만지고
칼을 만지고 손잡이를 만지고 옷을 만지고
전화를 만지고 컴퓨터를 만지고 쓰레기를 만지고
누군가의 손을 만지고 강아지도 만지고….

그릇을 잘 만지면 깨뜨릴 일이 없고,
칼을 잘 만지면 다칠 일이 없습니다.
강아지를 잘 만지면 물리지 않고,
누군가의 손을 잘 잡으면 관계가 틀어지지 않죠.

세상에 버려질 물건은 하나도 없습니다.
크게 보면 모두 나의 한 부분입니다.
그냥 만지지 말고 마음을 담아 따뜻하게 만집니다.

온 세상 사물들과의 관계도
더 따뜻하고 은혜로우면 좋겠습니다.

1분 선

무언가를 만지기 전에 잠시 마음을 챙깁니다.
1-2초면 충분합니다.

○

경외심이 손길에 담깁니다.

○○

사물들이 나와 동떨어지지 않습니다.
사물들의 은혜를 느끼고 감사합니다.

○○○

사물들이 나와 하나인 관계로 느껴집니다.
세상 모든 사물을 존귀하게 대합니다.

은혜 갚기 24-16

일터로 가면서 마음을 챙깁니다.

오늘 하루는 은혜를 느끼는 하루입니다.
오늘 하루는 은혜를 깨닫는 하루입니다.
오늘 하루는 은혜에 보은하는 하루입니다.

천지님은 늘 만물을 키워주십니다.
부모님은 늘 가르쳐주고 길러주시죠.
동포님은 서로 땀 흘려 도와주시고
법률님은 우리를 바른 길로 안내해주십니다.
우주만유가 베푸는 은혜는 무한하고 무량합니다.

비록 어려운 여건 속에서
일을 하면서 고생을 하더라도 마음을 챙깁니다.
'보은을 한다'
'무한한 은혜를 조금이라도 갚는다' 라고
나의 땀방울은 돈으로 환산될 수 없는
귀중한 땀방울입니다.

1분 선

일하기 전에 마음가짐을 챙겨봅니다.
나와 세상을 위한 보은이라고 마음을 챙깁니다.

○

나를 위해 땀흘리는 동포들의 희생에 감사합니다.

○○

나를 위해 아낌없이 주는 온 세상의 은혜에 감사합니다.

○○○

내 일이 세상을 위한 일이 됩니다.
내 일과 네 일이 따로 있지 않습니다.
내 일은 세상에 보은하고 세상을 사랑하는 것입니다.

최선을 다하기 24-17

일을 할 때는 최선을 다합니다.
몰입하고 아낌없이 불태워야 합니다.
최선인지 아닌지는 내가 압니다.
깊은 내 마음이 알고 있죠.
마음을 다해 몸을 다해 정성을 다합니다.
여한이 없게 합니다.
내 마음과 내 능력은 내가 아니까요.
멋진 인생을 계획하는 것도 중요하지만
최선을 다하는 하루는 더 중요합니다.
지금 내가 맡은 일에 최선을 다하면
내 인생도 최선의 인생이 될 것입니다.
최선 언저리까지 가면 반드시
새롭게 만나는 것들이 있습니다.
새로운 나를 만나고 새로운 세상을 만납니다.
거기가 최선에 가까운 곳입니다.
자신에게 떳떳하고
세상에 떳떳한 오늘 하루를 살아갈 뿐입니다.

1분 선

할 만큼 했다고 느낄 때 마음을 깊이 들여다봅니다.
정말 최선을 다했는지 자문합니다.
더 나아가기 힘든 경계를 넘어 한 걸음 더 나아갑니다.

○

마음을 담아 일합니다.

○○

마음을 다해서 보은합니다.

○○○

마음이 떳떳해서 여한이 없는 데 까지 노력합니다.
나의 경계가 무너집니다.

정의롭기 24-18

선은 마음을 편하게 하는 마음 기술이 아닙니다.
불의와 타협하는 그릇된 여유도 아닙니다.

모든 것을 포용하면서도 그른 것은 용납하지 않는
양면을 가졌습니다.

평소에 바르게 살지 않으면
결정적 순간에 정의롭기 힘듭니다.

내 마음이 바르면 내 행동이 정의롭습니다.

마음공부로 불의와 정의를 가려야 하고
마음의 힘을 길러서
힘 센 불의에도 굴하지 않아야 합니다.

정의를 지키는 것이 고통의 길이라는 것을 알아도
그 길을 갈 수 있어야 제대로 된 마음공부입니다.
그 사람이 진정한 선사禪師입니다.

1분 선

경계에 응할 때마다 먼저 불의와 정의를 구별합니다.
1분이라도 정의로운 취사를 위해 깊이 생각하고 고민해야 합니다.

○
마음을 다해 정의로운 취사선택을 합니다.
○○
정의로운 취사에 여한이 없습니다.
○○○
정의로운 결과가 나오도록 최선을 다합니다.

몸풀기 24-19

일을 하다보면 몸이 굳고, 몸이 굳으면
마음도 굳어서, 심신이 피곤해집니다.
잠시 일손을 멈추고 잠간 몸을 풀어줍니다.
간단한 스트레칭, 요가나 기체조가 좋습니다.
자기만의 동작을 해도 좋습니다.

마음이 굳어져서
마음의 여유가 없어졌을 때도 마찬가지죠.
하던 일을 멈추고 잠간 몸을 풀어줍니다.
몸을 풀어주면 호흡도 부드럽고 깊어집니다.
호흡을 따라서 마음의 긴장도 풀어집니다.
마음의 여유를 되찾을 수 있습니다.

몸과 호흡과 마음이 풀어지면
막혔던 인간관계도 풀리고
꼬였던 일도 쉽게 풀립니다.
굳거나 뭉친 데를 잘 풀어서 부드럽게 해주면
우리 삶도 한결 부드러워지고 잘 풀릴 것입니다.

1분 선

처음에는 시간을 정해서 기지개라도 켜서 몸을 풀어줍니다.
일하는 중간 중간 몸이 굳지 않았는지 챙겨봅니다.
그 때 그 때 풀어줍니다.

○

몸이 풀립니다.

○○

기분이 좋아지고 마음도 풀립니다.

○○○

숨만 쉬어도 행복이 충만합니다.

몸 청정 마음 청정 24-20

주변을 정리정돈 하면 마음도 정리가 되고
청소를 하면 마음도 깨끗해집니다.
몸을 청결히 하면 마음도 따라서 청정해집니다.

바깥부터 다스려
마음을 다스리는 한 방법입니다.

청소를 할 때 힘든 일을 해치우듯이 하지 않고
마음을 챙겨서 정성스럽게 합니다.

마음을 챙겨서 하는 청소는
훌륭한 마음공부가 됩니다.

살아갈수록 주변이 더욱 정갈해지고
살아갈수록 마음도 더욱 청정해진다면
청정한 낙원도 멀리 있지 않을 겁니다.

손걸레를 자주 잡아야겠습니다.

1분 선

횟수와 시각을 정해서 주변 청소를 합니다.
몰아서 하기보다는 일상생활 속에서 1분 정도씩 자주합니다.

○
내 주변이 점점 청정해집니다.
○○
더러움도 더럽게 느껴지지 않습니다.
○○○
나와 주변이 점점 청정해집니다.

경전 읽기 24-21

경전은
그냥 단순한 읽을거리가 아닙니다.
읽을수록 삶의 방향을 잡게 되고
음미할수록 깨달음이 깊어지고
실천할수록 행복에 가까워지는 책입니다.

경전은 지식으로 쓰인 책이 아니라
성현들의 깨달음으로 쓰인 책입니다.
경전을 읽는다는 것은
성현들의 마음과 내 마음을 잇는 일입니다.

1분이라도 경전을 읽고
한 구절이라도 마음에 새긴다면
삶은 반드시 변하기 시작합니다.
경전을 읽으며 마음에 대조하고 실행에 대조하는 것.
정말 훌륭한 마음공부입니다.

오늘이 가기 전에 한 줄의 경전이라도 봉독합니다.

1분 선

소중히 여기는 경전을 눈에 잘 띄는 곳에 놓아둡니다.
일과를 시작하면서, 잠들기 전에 정해진 정도만큼 읽습니다.
공책에 경전 쓰기를 해도 좋습니다. 앱을 활용해도 좋습니다.

○

'경전'을 가까이 하고 자주 읽습니다.

○○

'세상'이란 산 경전을 읽습니다.

○○○

'경전'이라는 경전,
'세상'이라는 경전,
'나'라는 경전을 함께 읽습니다.
경전 읽기가 끝없이 흥미롭습니다.

감사, 참회 기도하기 24-22

오늘 하루
내가 입은 은혜를 느껴야 감사할 수 있습니다.
가만히 돌아보면 하나, 둘, 셋, 넷…
입은 은혜를 발견하게 되고 감사함을 느끼게 됩니다.

나중에는 은혜가 한량없음을 깨닫게 되고
감사할 일이 너무나 많음을 알게 되지요.

참회도 마찬가지입니다.
처음에는 내 잘못이 보이지 않지만
잘 보면 점점 더 많은 잘못을 깨닫게 됩니다.

오늘 발견하고 깨달은 잘못은 새로운 내일을 열어줍니다.
감사할 수 있음도 감사한 일이고
참회할 수 있음도 감사한 일입니다.

오늘 하루를 어떻게 살았든지 감사와 참회로 마감할 수 있다면
오늘 하루는 참으로 은혜로운 하루입니다.

1분 선

하루를 마감하는 가장 중요한 시간입니다.
잠자리에 눕기 직전에 조용히 앉아
감사와 참회의 시간을 갖습니다.
1분 정도의 감사와 참회의 기도를 해도 좋습니다.

○

내 행동을 돌아봅니다.
내 깊은 마음까지 돌아봅니다.

○○

내 잘못을 고백하고 자책합니다.

○○○

내 잘못을 용서합니다.
새로운 다짐을 합니다.

마음일기 쓰기 24-23

잠들기 전 하루를 돌아봅니다.
하루를 잘 살았는지 그렇지 않은지 살펴봅니다.
하기로 한 일을 했는지 잊어버렸는지 돌아봅니다.

시간을 허비하지는 않았는지
돈을 낭비하지는 않았는지 점검합니다.
지키는 계율, 계문이 있다면 꼼꼼히 점검합니다.
나의 행동과 말, 마음 씀씀이를 다시 챙깁니다.

잘 한 것은 칭찬하고 잘 못 한 것은 참회 반성합니다.
오늘 내 삶이 조금이라도 나아졌는지 성찰합니다.

방심하고 지내면 돌아볼 것도 없습니다.
마음 대중이 있어야 돌아볼 수 있습니다.

잠시 조용히 앉아 하루를 돌아보고
비어 있는 일기장을 채웁니다.
일생도 그렇게 차곡차곡 채워질 겁니다.

1분 선

잠자기 전에 한 마음을 챙겨서 한 줄의 일기 쓰기라도
습관으로 만듭니다.

○

한 번 밖에 없는 소중한 오늘을 돌아봅니다.

○○

진리 앞에 나를 세워 심판하고, 새로운 내일을 다짐합니다.

○○○

오늘 하루를 마감한다는 것은
한 생을 마감하는 것과 크게 다르지 않습니다.

온전한 마음으로 잠들기 24-24

'온전하다' 는 뜻은
'본바탕 그대로 고스란하다' 입니다.

원래 가지고 있던 본바탕 그대로의 마음으로
고스란한 마음으로 잠에 듭니다.

고통도 비우고 즐거움도 잊습니다.
슬픔도 비우고 기쁨도 잊습니다.
분노도 마음에서 지워버립니다.

요란함도 없고, 어리석음도 없고,
그름도 없는 마음으로,
고요하고 편안한
이름 할 수 없는 깊은 잠에 듭니다.
죽음과도 같은 잠을 잡니다.

온 세상과 하나 되어 크신 우주의 품에 안겨
행복하게 깊은 잠에 듭니다.

1분 선

그냥 잠자지 말고 마음을 챙겨서 잠듭니다.
온몸의 긴장을 풀고 편안히 누워서 고요하고 깊은 호흡으로,
온전한 마음으로 잠듭니다.

○

몸도 마음도 편안하게 잠듭니다.

○○

잠은 하늘이 주신 선禪입니다.
휴식과 치유, 거듭남의 시간입니다.

○○○

불을 끄면서 분별과 주착심도 끕니다.
온전한 마음, 열반에 듭니다.

04

1분선 공부하기

마음 챙김의 과정을
마음 보기, 마음 멈추기, 마음 돌리기,
새 마음 내기로 나눠보았습니다.

마음공부의 핵심은
은혜 발견과 온생취(온전한 생각으로 취사하기)여야 하고
그 결과는 마음의 온전한 자유로 귀결되어야 합니다.

1. 마음을 보는 시간

인간인 이유

내가 내 마음을 보는 것은
선의 첫걸음입니다.
그리고 마지막 걸음입니다.

내가 내 마음을 볼 수 있다는
신비로운 능력은
아마도, 인간이 인간인 이유일 겁니다.

내 마음을 내가 모르면
내가 나를 모른다는 것.

누군가에게 내 마음을 알아달라고 하기 전에
내가 먼저 내 마음을 알아야죠.

문득문득 나를 돌아보는 것
선의 시작
마음공부의 시작입니다.

○

사람의 마음은 지극히 미묘하여

잡으면 있어지고 놓으면 없어진다 하였나니,

챙기지 아니하고 어찌 그 마음을 닦을 수 있으리요.

_ 소태산,「대종경」수행품1장.

1. 마음을 보는 시간

지금 슬픈가요

웃고 있지만
혹시 슬픈 것 아닌가.

울고 있지만
혹시 기쁜 것 아닌가.

등을 떠밀지만
잡고 싶은 것 아닌가.

잡고 있지만
헤어지고 싶은 것 아닌가.

싫다고 말하지만
사실은 좋은 것 아닌가.

지금 내 마음은
도대체 어떤 것인지…

제대로 보일 때까지 보아야 합니다.

○

1. 심지心地는 원래 요란함이 없건마는 경계를 따라 있어지나니,

    그 요란함을 없게 하는 것으로써 자성自性의 정定을 세우자.

2. 심지는 원래 어리석음이 없건마는 경계를 따라 있어지나니,

    그 어리석음을 없게 하는 것으로써 자성의 혜慧를 세우자.

3. 심지는 원래 그름이 없건마는 경계를 따라 있어지나니,

    그 그름을 없게 하는 것으로써 자성의 계戒를 세우자.

_ 소태산, 『정전』 일상수행의 요법 중에서.

1. 마음을 보는 시간

무슨 색인가요

빨강색.
주황색.
노랑색.
초록색.
파랑색.
남색.
보라색.
지금 내 마음은
일곱 가지 색 중에 무슨 색일까.

초록과 파랑이 섞인 색?
초록, 파랑, 노랑이 섞인 색?
묘해서 말하기 어려운 색?

색깔도 무수하지만
마음의 색깔은 끝도 없습니다.
지금 내 마음의 색깔은 어떤 색인가요?

○

대종사 말씀하시기를

'중생은 희·로·애·락에 끌려서 마음을 쓰므로

이로 인하여 자신이나 남이나 해를 많이 보고,

보살은 희·로·애·락에 초월하여 마음을 쓰므로

이로 인하여 자신이나 남이나 해를 보지 아니하며,

부처는 희·로·애·락을 노복같이 부려 쓰므로

이로 인하여 자신이나 남이나 이익을 많이 보나니라.'

_ 소태산,『대종경』불지품8장.

1. 마음을 보는 시간

무슨 생각 중인가

생각이 생각을 낳고
생각이 생각의 꼬리는 뭅니다.

자칫하면
생각하고 있는지도 모르죠.

물이 새는 곳을 알 수 없는데
수도 계량기는 돌고 있는 것과 같습니다.
어디선가 물이 새고 있는 것이죠.

또는 방금 전 까지,
무슨 생각을 했나요?
지금! 무슨 생각을 하고 있나요?

또렷이 알아차려야죠.
흐르는 생각만큼 내 삶이 흘러가고
생각이 흘러가는 곳으로 내 삶도 가고 있습니다.

○

김광선이 여쭙기를

'천지 만물의 미생전未生前에는 무엇이 체體가 되었나이까.'

대종사 말씀하시기를

'그대가 말하기 전 소식을 묵묵히 반조返照하여 보라.'

또 여쭙기를

'수행하는 데 견성이 무슨 필요가 있나이까.'

대종사 말씀하시기를

'국문國文에 본문을 아는 것과 같나니라.'

_ 소태산, 『대종경』 성리품20장.

1. 마음을 보는 시간

지금 뭐 하고 있는 거야

나도 모르게
어떤 말을 합니다.
나도 모르게
뭔가를 먹습니다.
나도 모르게
습관적으로 대답을 합니다.
나도 모르게
누군가를 대합니다.
나도 모르게
오늘 하루를 삽니다.
어제와 같이.

방심放心하면 습관대로 살고
업대로 살게 됩니다.
오늘을 사는 게 아니라 어제를 사는 것이죠.
지금 뭐하고 있냐고
내게 묻고 또 물어야겠습니다.

○

유정물有情物은

배우지 아니하되 근본적으로 알아지는 것과 하고자 하는

욕심이 있는데, 최령한 사람은 보고 듣고 배우고 하여

아는 것과 하고자 하는 것이 다른 동물의 몇 배 이상이 되므로

그 아는 것과 하고자 하는 것을 취하자면

예의 염치와 공정한 법칙은 생각할 여유도 없이

자기에게 있는 권리와 기능과 무력을 다하여 욕심만 채우려 하다가

결국은 가패 신망도 하며, 번민 망상과 분심 초려로 자포 자기의

염세증도 나며, 혹은 신경 쇠약자도 되며, 혹은 실진자도 되며,

혹은 극도에 들어가 자살하는 사람까지도 있게 되나니,

그런 고로 천지 만엽으로 벌여가는 이 욕심을 제거하고

온전한 정신을 얻어 자주력自主力을 양성하기 위하여 수양을

하자는 것이니라.

_ 소태산, 『정전』 정신수양 중에서.

2. 마음을 멈추는 시간

잠깐만

하던 일을 멈춥니다.
잠깐만.
잠시 멈춘다고
큰 일 나지 않습니다.
잠시 멈추고 깊은 숨을 쉽니다.
천천히, 천천히, 부드럽게, 부드럽게.

아랫배 단전에
기운을 툭 부리고
잠시 마음을 가라앉힙니다.
아무것도 하지 않습니다.
이 시간의 소중함을 느낄 때
선의 맛을 알게 됩니다.

그리고
다시 하려던 일을 합니다.
선심禪心으로.

○

대종사 말씀하시기를

'공부인이 동動하고 정靜하는 두 사이에 수양력修養力 얻는

빠른 방법은,

첫째는 모든 일을 작용할 때에 나의 정신을 시끄럽게 하고

정신을 빼앗아 갈 일을 짓지 말며 또는 그와 같은 경계를 멀리할 것이요,

둘째는 모든 사물을 접응할 때에 애착 탐착을 두지 말며

항상 담담한 맛을 길들일 것이요,

셋째는 이 일을 할 때에 저 일에 끌리지 말고

저 일을 할 때에 이 일에 끌리지 말아서

오직 그 일 그 일에 일심만 얻도록 할 것이요,

네째는 여가 있는 대로 염불과 좌선하기를 주의할 것이니라. '

_ 소태산,『대종경』수행품 2장.

2. 마음을 멈추는 시간

나아가지 말아요

목표에 멱살 잡히지 마세요.
내가 목표를 다스려야죠. 채찍에 맞지 마세요.
스스로 때리는 채찍질을 멈춥니다.
욕심에도 끌려가지 마세요.
욕심도 내가 내는 마음이잖아요.
서서히 내가 길들여가야죠.

습관에도 끌려가지 마세요.
습관도 내가 반복해서 만든 것이죠. 지금 멈추고, 오늘부터 조금씩 바꾸기 시작하면
힘센 습관도 힘이 빠지게 될 것입니다.

일단, 직관하고 앞으로 나아가지 마세요.
잠시 멈춥니다. 빨깐 신호등 앞에서 멈추듯이.
편안한 마음으로 두렷한 마음으로 고요한 마음으로
그 마음에 잠시 머물러 보시게요.
거기 새로운 세상이 있습니다.

○

대범, 우리 인류가 선善이 좋은 줄은 알되 선을 행하지 못하며,
악이 그른 줄은 알되 악을 끊지 못하여 평탄한 낙원을 버리고
험악한 고해로 들어가는 까닭은 그 무엇인가.
그것은 일에 당하여 시비를 몰라서 실행이 없거나,
설사 시비는 안다 할지라도 불 같이 일어나는 욕심을 제어하지
못하거나,
철석같이 굳은 습관에 끌리거나 하여
악은 버리고 선은 취하는 실행이 없는 까닭이니,
우리는 정의어든 기어이 취하고 불의어든 기어이 버리는 실행
공부를 하여,
싫어하는 고해는 피하고 바라는 낙원을 맞아 오자는 것이니라.

_ 소태산, 『정전』 작업취사 중에서.

2. 마음을 멈추는 시간

마음 비우기

무언가로 가득 찬 마음은
나를 힘들게 하죠.
답답하고 여유가 없죠.

무언가로 가득 찬 마음엔
새롭고 소중한 것을 담을 수 없죠.
그대의 자리도 없습니다.

내 마음 그릇이
얼마나 차 있는지 들여다봅니다.
볼 수만 있어도 다행입니다.

그리고 가끔은 텅 비워버려야죠.
마치 대청소를 하듯이.

비워지지 않는 집착도
비워봐야 알게 됩니다.

◯

사람의 성품이

정한즉 선도 없고 악도 없으며,

동한즉 능히 선하고 능히 악하나니라.

_ 소태산,『대종경』성리품2장.

◯

한 교도가 부부간에 불화하여

내생에는 또 다시 인연 있는 사이가 되지 아니하리라 하며

늘 그 남편을 미워하거늘,

대종사 말씀하시기를

'그 남편과 다시 인연을 맺지 아니하려면

미워하는 마음도 사랑하는 마음도 다 두지 말고

오직 무심으로 대하라.'

_ 소태산,『대종경』인과품11장.

2. 마음을 멈추는 시간

마음 내기 이전으로

방금, 그 말을 하기 직전.
그 마음은 어떤 마음인가요.

'좋다' 라고 말하기 전,
그 마음은 어떤 마음인가요.

'싫어요' 라고 말하기 전,
그 마음은 어떤 마음인가요.

'맞다', '틀렸다' 라고 말하기 전,
그 마음은 어떤 마음인가요.

한 마음 내기 전, 그 마음을 찾습니다.

텅 비어있던 한 마음을 찾아
거기 머물러 봅니다.
잠시.

○

김 광선이 여쭙기를

'천지 만물의 미생전未生前에는 무엇이 체體가 되었나이까.'

대종사 말씀하시기를

'그대가 말하기 전 소식을 묵묵히 반조返照하여 보라.'

또 여쭙기를 '수행하는 데 견성이 무슨 필요가 있나이까.'

대종사 말씀하시기를 '국문國文에 본문을 아는 것과 같나니라.'

_ 소태산, 『대종경』 성리품20장.

2. 마음을 멈추는 시간

온전한 마음으로

내 마음은 원래 온전합니다.
당신 마음도 원래 온전합니다.

보름달처럼
두렷하게 밝고 둥글둥글합니다.

마음을 어둡게 쓰고
뾰족하게 쓰는 건 내 탓입니다.

누구에게 구걸할 필요도 없고
치료해달라고 하지 않아도 됩니다.
원래 우리 마음은 온전합니다.

잠시 마음을 챙기면
다시 마음은 온전해집니다.

잠시 선을 하는 이유입니다.

○

대종사 대각을 이루시고 그 심경을 시로써 읊으시되

[청풍월상시淸風月上時에 만상자연명萬像自然明이라.] 하시니라.

_ 소태산,『대종경』성리품 1장.

○

정신이라 함은 마음이 두렷하고 고요하여

분별성과 주착심이 없는 경지를 이름이요,

수양이라 함은 안으로 분별성과 주착심을 없이하며

밖으로 산란하게 하는 경계에 끌리지 아니하여

두렷하고 고요한 정신을 양성함을 이름이니라.

_ 소태산,『정전』정신수양 중에서.

3. 마음을 돌리는 시간

뭔가 이상하다 싶으면

마음을 정성스럽게 보면
마음이 더 잘 보입니다.
내 마음 씀씀이가 보이고
그 원인과 결과도 보입니다.

결과를 확신할 수는 없어도
'아, 이건 아닌 것 같다.'
'뭔가 이상하다.' 라고 느낄 때가 있죠.

이때가 마음을 멈추고
마음을 돌려야 할 때입니다.

마음을 돌려야겠다고 깨닫는 순간
마음은 돌아가기 시작합니다.

마음먹는 순간
마음은 변화하기 시작합니다.

○

응용應用하는 데 온전한 생각으로 취사하기를 주의할 것이요,

_ 소태산, 『정전』 상시응용주의사항1조.

○

1. 심지心地는 원래 요란함이 없건마는 경계를 따라 있어지나니,
   그 요란함을 없게 하는 것으로써 자성自性의 정定을 세우자.
2. 심지는 원래 어리석음이 없건마는 경계를 따라 있어지나니,
   그 어리석음을 없게 하는 것으로써 자성의 혜慧를 세우자.
3. 심지는 원래 그름이 없건마는 경계를 따라 있어지나니,
   그 그름을 없게 하는 것으로써 자성의 계戒를 세우자.
4. 신과 분과 의와 성으로써 불신과 탐욕과 나와 우를 제거하자.
5. 원망 생활을 감사 생활로 돌리자.
6. 타력 생활을 자력 생활로 돌리자.
7. 배울 줄 모르는 사람을 잘 배우는 사람으로 돌리자.
8. 가르칠 줄 모르는 사람을 잘 가르치는 사람으로 돌리자.
9. 공익심 없는 사람을 공익심 있는 사람으로 돌리자.

_ 소태산, 『정전』 일상수행의 요법.

3. 마음을 돌리는 시간

마음의 과거를 보고

내게 돌이 날아왔으면
그 돌이 어디서 왔는지 보아야 합니다.
왜 날아왔는지도 파악해야 합니다.
역경과 난경에 부딪쳤을 때에도 마찬가지죠.
경계들의 원인을 분석해야죠.
그래야 올바른 대응을 할 수 있습니다.
날아오는 돌을 있는 그대로 보고
역경과 난경을 그대로 온전히 보아야죠.
정견 해야 합니다.
발끈하지 말고, 욱 하지 말고,
누군가에게 섣불리 책임을 묻지 말고,
차분히 응시해야 합니다.
내가 맞을 짓을 했는지 깊이 돌아보고
두루두루 살펴보아야 합니다.
잘 모르겠거든
더 시간을 두고 보아야죠.
경계와 마음의 원인이 드러날 때까지.

○

우주의 진리는 원래 생멸이 없이 길이 길이 돌고 도는지라,

가는 것이 곧 오는 것이 되고 오는 것이 곧 가는 것이 되며,

주는 사람이 곧 받는 사람이 되고 받는 사람이 곧 주는 사람이 되나니,

이것이 만고에 변함 없는 상도常道니라.

_ 소태산, 『대종경』 인과품 1장.

3. 마음을 돌리는 시간

마음의 미래를 보라

마음은 영향을 미칩니다.
내게도 주변에도.
마음먹는 대로
나도 변하고 주변도 변화합니다.
그래서 한 마음 내기 전에
깊이 생각해야 합니다.
내 욕심대로 마음을 내면
거기에 따른 결과가 올 것이고,
내 습관대로 마음을 내도
거기에 따른 결과가 올 것입니다.

원인 없는 결과는 없고
인과의 이치는 늘 정확하고 엄중합니다.
마음 씀씀이에 대해
좀 더, 좀 더 공을 들여야 합니다.
지금 내 마음을 돌리는 대로
내 삶도, 내 운명도 돌아가기 때문입니다.

○

식물들은 뿌리를 땅에 박고 살므로

그 씨나 뿌리가 땅 속에 심어지면

시절의 인연을 따라 싹이 트고 자라나며,

동물들은 하늘에 뿌리를 박고 살므로

마음 한 번 가지고 몸 한 번 행동하고 말 한 번 한 것이라도

그 업인業因이 허공 법계에 심어져서,

제각기 선악의 연緣을 따라 지은대로 과보가 나타나나니,

어찌 사람을 속이고 하늘을 속이리요.

_ 소태산, 『대종경』 인과품3장.

3. 마음을 돌리는 시간

새로운 길이 있다

마음을 돌려먹고 새로운 길을 찾으면
반드시 새로운 길이 나타납니다.

마음을 돌리는 순간 엄청난 가능성이 펼쳐지죠.
내 삶의 지평이 엄청나게 넓어집니다.

가구를 놓을 때도
이리 돌리고 저리 돌려보듯이 마음도 꼭 그렇죠.
이렇게 돌려보고 저렇게 돌려봐야죠.
꼭 맞는 자리가 있을 겁니다.

누군가 상처 받는 길이 아니라,
이익과 손해가 나뉘는 게 아니라,
한 사람도 상처 받지 않고,
서로 이로운 길이 열릴 것입니다.

마음을 돌려 새로운 길을 찾는 것, 선입니다.

○

대범, 선이라 함은

원래에 분별 주착이 없는 각자의 성품을 오득하여

마음의 자유를 얻게 하는 공부인 바,

예로부터 큰 도에 뜻을 둔 사람으로서 선을 닦지 아니한 일이

없나니라.

_ 소태산, 무시선법 중에서.

3. 마음을 돌리는 시간

마음엔 빈자리가 있다

사랑이 미움으로 변하고
미움이 사랑으로 변하는 이유는,
한다고 맹세했다가 포기하고
포기했다가 다시 전진하는 이유는,

원망 가득했던 마음을
감사 가득한 마음으로 돌릴 수 있는 까닭은,

저쪽을 향하던 마음을
이쪽으로 돌려세울 수 있는 까닭은 무언가요?

마음에 빈자리가 있어서겠죠.
마음이 원래 비어있어서 그러겠죠.
마음의 뿌리가 자유여서 그렇지 않을까요?

마음은 세우면 세워지고, 비우면 비워지고,
돌리면 돌아갑니다.

○

1. 심지心地는 원래 요란함이 없건마는 경계를 따라 있어지나니,
   그 요란함을 없게 하는 것으로써 자성自性의 정定을 세우자.
2. 심지는 원래 어리석음이 없건마는 경계를 따라 있어지나니,
   그 어리석음을 없게 하는 것으로써 자성의 혜慧를 세우자.
3. 심지는 원래 그름이 없건마는 경계를 따라 있어지나니,
   그 그름을 없게 하는 것으로써 자성의 계戒를 세우자.
4. 신과 분과 의와 성으로써 불신과 탐욕과 나와 우를 제거하자.
5. 원망 생활을 감사 생활로 돌리자.
6. 타력 생활을 자력 생활로 돌리자.
7. 배울 줄 모르는 사람을 잘 배우는 사람으로 돌리자.
8. 가르칠 줄 모르는 사람을 잘 가르치는 사람으로 돌리자.
9. 공익심 없는 사람을 공익심 있는 사람으로 돌리자.

_ 소태산, 『정전』 일상수행의 요법.

4. 새 마음을 내는 시간

마음 땅에서

마음이 뭐냐고 물으면 대답하기 곤란하죠.
없다고 하기도 좀 그렇고 있다고 하기도 좀 그렇죠.

무슨 물건이면 보여주련만 그럴 수는 없으니까요.

하지만
미묘한 눈빛에서도, 작은 손놀림에서도,
떨리는 목소리에서도, 걸음걸이에서도,
마음은 다 드러납니다.

천 가지 만 가지 마음이
보이지도 않는 마음 바탕에서 나오니
심지心地, 심전心田이라고도 하죠.

농사를 짓기 전에
잡초를 말끔히 김 매듯이 새 마음을 내려면
먼저 마음땅, 마음밭부터 깨끗이 해야 합니다.

○

본래에 분별과 주착이 없는 우리의 성품性稟에서

선악간 마음 발하는 것이

마치 저 밭에서 여러 가지 농작물과 잡초가 나오는 것 같다 하여

우리의 마음 바탕을 심전心田이라 하고

묵은 밭을 잘 개척하여 좋은 밭을 만들 듯이

우리의 마음 바탕을 잘 단련하여 혜복을 갖추어 얻자는 뜻에서

심전 계발啓發이라는 말이 있게 되었나니라.

_ 소태산,『대종경』수행품59장.

4. 새 마음을 내는 시간

새싹 돋아나듯이

마음을 낼 때는 불쑥 내기보다는
땅에서 새싹이 움트듯이
그렇게 내면 좋을 것 같아요.

부드럽지만 강하고,
작지만 점점 커지는 새싹처럼.
그러려면 먼저 씨앗을 잘 심어야겠죠.

바람에 날려온 씨앗들이
되는대로 싹을 틔우게 하지 말고
심고 싶은 마음 씨앗을 심어
정성스럽게 보살펴야죠.

그 작은 마음 새싹들이
내 삶 전체를 푸르게 할 것입니다.
심은 대로 거둔다는 것을
유념합니다.

○

그러므로,

심전을 잘 계발하는 사람은 저 농사 잘 짓는 사람이

밭에 잡초가 나면 매고 또 매어 잡초는 없애고

농작물만 골라 가꾸어 가을에 많은 수확을 얻는 것 같이,

선악간에 마음 발하는 것을 잘 조사하고 또 조사하여

악심이 나면 제거하고 또 제거해서

악심은 없애고 양심만 양성하므로 혜복이 항상 넉넉할 것이요,

심전 계발을 잘못 하는 사람은

저 농사 잘못 짓는 사람이 밭에 잡초가 나도 내버려 두고

농작물이 나도 그대로 두어서 밭을 다 묵히어

가을에 수확할 것이 없는 것 같이,

악한 마음이 나도 그대로 행하고 선한 마음이 나도 그대로 행하여

자행 자지하는지라

당하는 것이 고뿐이요, 혜복의 길은 더욱 멀어지나니라.

그러므로, 우리의 천만 죄복이 다른 데에 있는 것이 아니요,

오직 이 심전 계발을 잘하고 못하는 데에 있나니,

이 일을 어찌 등한히 하리요.

_ 소태산,『대종경』수행품59장 중에서.

4. 새 마음을 내는 시간

비바람을 무릅쓰고

깊이 생각해서
한 마음을 내었다면, 굳세게 버텨야 합니다.
농부의 고군분투를 생각해야죠.
정성과 노력을 상기해야 합니다.

한 마음을 내는 순간
많은 경계들이 닥칠 수 있습니다.
내가 낸 마음에 확신이 있다면 흔들지 마세요.
여린 새싹을 정성스럽게 키워내듯이
내 마음에도 거름하고 물 주어야 합니다.

여린 새싹이 그냥 크는 것이 아니라
거센 비바람을 이겨내면서 크듯이
내 한 마음도 그렇게 키워내야 합니다.
역경도 난경도 이겨내야 합니다.
소중한 한 마음은
나를 바꾸고, 세상을 바꿉니다.

○

　예로부터 도가道家에서는 심전을 발견한 것을 견성見性이라 하고 심전을 계발하는 것을 양성養性과 솔성率性이라 하나니, 이 심전의 공부는 모든 부처와 모든 성인이 다 같이 천직天職으로 삼으신 것이요, 이 세상을 선도善導하는 데에도 또한 그 근본이 되는 것이니라.

　그러므로, 우리 회상에서는 심전 계발의 전문 과목으로 수양·연구·취사의 세 가지 강령을 정하고 그를 실습하기 위하여 일상 수행의 모든 방법을 지시하였나니, 수양은 심전 농사를 짓기 위하여 밭을 깨끗하게 다스리는 과목이요, 연구는 여러 가지 농사 짓는 방식을 알리고 농작물과 풀을 구분하는 과목이요, 취사는 아는 그대로 실행하여 폐농을 하지 않고 많은 곡식을 수확하게 하는 과목이니라.

　지금 세상은 과학 문명의 발달을 따라 사람의 욕심이 날로 치성하므로 심전 계발의 공부가 아니면 이 욕심을 항복 받을 수 없고 욕심을 항복 받지 못하면 세상은 평화를 보기 어려울지라, 그러므로 이 앞으로는 천하의 인심이 자연히 심전 계발을 원하게 될 것이요, 심전 계발을 원할 때에는 그 전문가인 참다운 종교를 찾게 될 것이며, 그 중에 수행이 원숙圓熟한 사람은 더욱 한량 없는 존대를 받을 것이니, 그대들은 이 때에 한 번 더 결심하여 이 심전 농사에 크게 성공하는 모범적 농부가 되어볼지어다.

_ 소태산, 『대종경』 수행품60장.

4. 새 마음을 내는 시간

운명을 바꾸는 한 마음

따뜻한 커피를 마실지 시원한 커피를 마실지
선택하는 마음은 좀 이랬다 저랬다 해도 괜찮죠.
하지만 중요한 선택을 하는 한 마음은
내 삶을 크게 좌우합니다.

순간의 선택이 일생을 흔듭니다.
뼈아픈 후회를 낳기도 하고,
다행스러웠다고 추억하게도 하죠.

'취사선택' 줄여서 '취사' 取捨 이것 아니면 저것입니다.
이것을 취하면 저것을 버리는 것이고,
저것을 취하면 이것을 버리는 것입니다.

마음을 챙겨서 마음을 비우고 평안하고 고요하게 하고,
마음을 밝혀서 생각을 깊이 한 다음에
비로소 취사선택을 해야죠.
아슬아슬한 순간이고 후련한 순간입니다.

○

동하고 정하는 두 사이에 취사력 얻는 빠른 방법은,

첫째는 정의인 줄 알거든 크고 작은 일을 막론하고 죽기로써 실행할 것이요,

둘째는 불의인줄 알거든 크고 작은 일을 막론하고 죽기로써 하지 않을 것이요,

세째는 모든 일을 작용할 때에 즉시 실행이 되지 않는다고 낙망하지 말고 정성을 계속하여 끊임 없는 공을 쌓을 것이니라.

_ 소태산, 『대종경』 수행품2장 중에서.

4. 새 마음을 내는 시간

이어가는 마음

한 번 했다가 그만두는 마음은
선심禪心이 아닙니다.
힘들면 잠시 쉬었다가
다시 이어가야 합니다.
한 마음을 잘 내면
그 마음을 포기할 수 없죠.
소중하게 간직하고
결코 잊지 않습니다.
결코 잃어버리지도 않습니다.
가슴 속 깊은 곳에
소중히 간직한 그 한 마음이
나를 앞으로 나아가게 하죠.
역경도 이겨내게 하고
순경에도 교만하지 않게 합니다.
면면밀밀綿綿密密하게
정성스럽게 이어가는 마음이
나를 새로운 세상으로 안내합니다.

○

성誠

성이라 함은 간단 없는 마음을 이름이니,

만사를 이루려 할 때에 그 목적을 달하게 하는 원동력이니라.

_ 소태산, 『정전』 진행사조.

5. 은혜와 온·생·취의 시간
무엇을 주고받나

나는 지금 누구로부터 무엇을 받고 있나요?
나는 지금 누구에게 무엇을 주고 있나요?
늘 알아차리고 있어야 합니다.
한 걸음 더 나아가서
왜 그가 그것을 내게 주고 있는지
왜 내가 그에게 그것을 주고 있는지
알고 있어야 합니다.
지금 이 순간
내가 마시는 한 줌의 공기도
나를 비추는 한 줄기 햇볕도
온전히 느끼고 있어야 합니다.
그래야
내가 주고받는 고통과 즐거움
내가 주고받는 집착과 자유를
알아차릴 수 있습니다.
그래야 마음을 챙길 수 있습니다.
그래야 제대로 살 수 있습니다.

○

응용하는데 온전한 생각으로 취사하기를 주의할 것이요

_ 소태산, 『정전』 상시응용주의사항1조

○

1. 하늘의 공기가 있으므로 우리가 호흡을 통하고 살게 됨이요,

2. 땅의 바탕이 있으므로 우리가 형체를 의지하고 살게 됨이요,

3. 일월의 밝음이 있으므로 우리가 삼라 만상을 분별하여 알게 됨이요,

4. 풍 · 운 · 우 · 로風雲雨露의 혜택이 있으므로

　　만물이 장양長養되어 그 산물로써 우리가 살게 됨이요,

5. 천지는 생멸이 없으므로

　　만물이 그 도를 따라 무한한 수壽를 얻게 됨이니라.

_ 소태산, 『정전』 천지은 중에서.

5. 은혜와 온·생·취의 시간
없어서는 살 수 없는 관계

발밑만 보지 않고
대지를, 지구를 봅니다.

코앞만 보지 않고
하늘을 봅니다.

그대만을 보지 않고
인간과 인류를 봅니다.

낱낱이 나뉜 부분이 아니라
나뉘기 전의 온전함을 봅니다.

낱낱이 나뉜 존재들로 보지 않고
한 통 속 하나인 존재를 봅니다.
서로 같음을 봅니다.

이 세상 모든 존재들이
서로가 서로에게
'없어서는 살 수 없는 관계'
은혜의 관계로 맺어져 있음을 봅니다.

은혜,
이 관계 맺음을 보는 것이
가장 큰 발견이고 깨달음이죠.

이 깨달음 이후엔
세상이 새롭게 보이고
나도 새롭게 보입니다.

○

천지 피은被恩의 강령

우리가 천지에서 입은 은혜를 가장 쉽게 알고자 할진대 먼저 마땅히 천지가 없어도 이 존재를 보전하여 살 수 있을 것인가 하고 생각해 볼 것이니, 그런다면 아무리 천치天痴요 하우자下愚者라도 천지 없어서는 살지 못할 것을 다 인증할 것이다. 없어서는 살지 못할 관계가 있다면 그 같이 큰 은혜가 또 어디 있으리요.

○

부모 피은의 강령

우리가 부모에게서 입은 은혜를 가장 쉽게 알고자 할진대, 먼저 마땅히 부모가 아니어도 이 몸을 세상에 나타내게 되었으며, 설사 나타났더라도 자력自力 없는 몸으로서 저절로 장양될 수 있었을 것인가 하고 생각해 볼 것이니, 그런다면 누구나 그렇지 못할 것은 다 인증할 것이다. 부모가 아니면 이 몸을 나타내지 못하고 장양되지 못한다면 그 같이 큰 은혜가 또 어디 있으리요.

대범, 사람의 생사라 하는 것은 자연의 공도요 천지의 조화라 할 것이지마는, 무자력할 때에 생육生育하여 주신 대은과 인도의 대의를 가르쳐 주심은 곧 부모 피은이니라.

○

동포 피은의 강령

우리가 동포에게서 입은 은혜를 가장 쉽게 알고자 할진대 먼저 마땅히 사람도 없고 금수도 없고 초목도 없는 곳에서 나 혼자라도 살 수 있을 것인가 하고 생각해 볼 것이니, 그런다면 누구나 살지 못할 것은 다 인증할 것이다. 만일, 동포의 도움이 없이, 동포의 의지가 없이, 동포의 공급이 없이는 살 수 없다면 그 같이 큰 은혜가 또 어디 있으리요.

○

법률 피은의 강령

우리가 법률에서 입은 은혜를 가장 쉽게 알고자 할진대, 개인에 있어서 수신하는 법률과, 가정에 있어서 제가齊家하는 법률과, 사회에 있어서 사회 다스리는 법률과, 국가에 있어서 국가 다스리는 법률과, 세계에 있어서 세계 다스리는 법률이 없고도 안녕 질서를 유지하고 살 수 있겠는가 생각해 볼 것이니, 그런다면 누구나 살 수 없다는 것은 다 인증할 것이다. 없어서는 살 수 없다면 그 같이 큰 은혜가 또 어디 있으리요.

_ 소태산, 『정전』 사은 중에서.

5. 은혜와 온·생·취의 시간
온전한 마음 챙기기

온전한 마음은
있는 그대로 고스란한 마음.
온전한 마음은
모나고 모자라지 않은 마음.
온전한 마음은
요란함이 없어서 평온한 마음,
어리석음이 없어서 지혜로운 마음,
그름도 없어서 바르고 정의로운 마음이죠.
욕심에 물들지 않고,
무언가에 묶이지 않은 마음입니다.
있는 그대로
맑고, 밝고, 훈훈해서
평화롭고 아름다운 마음입니다.
마음을 잠시 챙기면
그 마음으로,
원래 타고난 마음으로
돌아갈 수 있습니다.

○

응용應用하는 데 온전한 생각으로 취사하기를 주의할 것이요,

_ 소태산,『정전』상시응용주의사항1조.

○

심지心地는 원래 요란함이 없건마는 경계를 따라 있어지나니,

그 요란함을 없게 하는 것으로써 자성自性의 정定을 세우자.

_ 소태산,『정전』일상수행의 요법 중에서.

○

정신이라 함은 마음이 두렷하고 고요하여

분별성과 주착심이 없는 경지를 이름이요,

수양이라 함은 안으로 분별성과 주착심을 없이하며

밖으로 산란하게 하는 경계에 끌리지 아니하여

두렷하고 고요한 정신을 양성함을 이름이니라.

_ 소태산,『정전』정신 수양 중에서.

5. 은혜와 온·생·취의 시간

깊이 생각하기

스쳐 지나가는
가벼운 생각이 아니라.

좀 더 깊은 생각,
좀 더 깊은 생각을 이어갑니다.

조바심을 버리고
차분하게 생각합니다.

마음 파도가 잠자고
마음 티끌들이 가라앉으면
마음은 맑고 투명해집니다.

지혜가 빛을 발합니다.
그때 비로소
고통과 즐거움, 선과 악, 옳고 그름
죄와 복의 인과관계가 보이기 시작합니다.

원인을 좀 더 깊게 생각해보고
결과를 좀 더 길게 생각해보는 시간은
하나도 아깝지 않습니다.

인과관계가 잘 보이지 않으면
보일 때까지 결정하지 않아도 됩니다.

○
이 세상은 대소 유무의 이치로써 건설되고

시비 이해의 일로써 운전해 가나니,

세상이 넓은 만큼 이치의 종류도 수가 없고,

인간이 많은 만큼 일의 종류도 한이 없나니라.

그러나, 우리에게 우연히 돌아오는 고락이나 우리가 지어서 받는

고락은 각자의 육근六根을 운용하여 일을 짓는 결과이니,

우리가 일의 시 · 비 · 이 · 해를 모르고 자행 자지한다면

찰나찰나로 육근을 동작하는 바가 모두 죄고로 화하여

전정 고해가 한이 없을 것이요,

이치의 대소 유무를 모르고 산다면

우연히 돌아오는 고락의 원인을 모를 것이며,

생각이 단촉하고 마음이 편협하여

생 · 로 · 병 · 사와 인과 보응의 이치를 모를 것이며,

사실과 허위를 분간하지 못하여 항상 허망하고 요행한 데 떨어져,

결국은 패가 망신의 지경에 이르게 될지니,

우리는 천조의 난측한 이치와 인간의 다단한 일을 미리

연구하였다가 실생활에 다다라 밝게 분석하고 빠르게 판단하여

알자는 것이니라.

_ 소태산,『정전』사리 연구 중에서.

○

응용應用하는 데 온전한 생각으로 취사하기를 주의할 것이요.

_ 소태산, 『정전』 상시응용주의사항 1조.

○

심지는 원래 어리석음이 없건마는 경계를 따라 있어지나니,
그 어리석음을 없게 하는 것으로써 자성의 혜慧를 세우자.

_ 소태산, 『정전』 일상수행의 요법 중에서.

5. 은혜와 온·생·취의 시간
바른 취사 선택하기

답이 똑 떨어져야죠.
잘 익은 가을 감처럼.

마음공부를 잘하면
복잡한 문제에도 답이 똑 떨어지죠.

마음을 멈춰 고요히 하고
마음의 밝은 지혜를 발휘하면
자연히 답이 나옵니다.

최선의 선택
힘 있는 취사를 하게 됩니다.
미련도 없고,
후회도 없습니다.

마음 답 그대로
정성스럽게 굳굳하게
실행할 일만 남았습니다.

그리고 그 결과는
은혜롭고 덕스럽습니다.

○

정신을 수양하여 수양력을 얻었고
사리를 연구하여 연구력을 얻었다 하더라도,
실제 일을 작용하는 데 있어 실행을 하지 못하면
수양과 연구가 수포에 돌아갈 뿐이요 실효과를 얻기가 어렵나니,
예를 들면 줄기와 가지와 꽃과 잎은 좋은 나무에
결실이 없는 것과 같다 할 것이니라.
대범, 우리 인류가 선善이 좋은 줄은 알되 선을 행하지 못하며,
악이 그른 줄은 알되 악을 끊지 못하여
평탄한 낙원을 버리고 험악한 고해로 들어가는 까닭은 그 무엇인가.
그것은 일에 당하여 시비를 몰라서 실행이 없거나,

설사 시비는 안다 할지라도 불 같이 일어나는 욕심을 제어하지
못하거나, 철석같이 굳은 습관에 끌리거나 하여
악은 버리고 선은 취하는 실행이 없는 까닭이니,
우리는 정의어든 기어이 취하고 불의어든 기어이 버리는
실행 공부를 하여,
싫어하는 고해는 피하고 바라는 낙원을 맞아 오자는 것이니라.
_ 소태산,『정전』작업 취사 중에서.

○

응용應用**하는 데 온전한 생각으로 취사하기를 주의할 것이요,**

_ 소태산, 『정전』 상시응용주의사항1조.

○

심지는 원래 그름이 없건마는 경계를 따라 있어지나니,

그 그름을 없게 하는 것으로써 자성의 계戒**를 세우자.**

_ 소태산, 『정전』 일상수행의 요법 중에서.

6. 마음의 자유

부자유를 깨달아야

줄에 묶인 개가 참 편안합니다.
줄이 짧다고 짖지 않는군요.

새장에 갇힌 새가 즐거워 보입니다.
답답하지 않은지 모르겠네요.

무엇엔가 묶여있고
어딘가에 갇혀있는데
혹시 모르고 있는 것은 아닌지
나를 돌아봅니다.

목줄이 불편한 개가 되고
새장이 답답한 새가 되어야
자유를 향한 탈출이 가능하겠지요.

자유의 전제 조건은
부자유의 깨달음과 고통이 아닐까요.

○
여의 보주如意寶珠가 따로 없나니,

마음에 욕심을 떼고,

하고 싶은 것과 하기 싫은 것에 자유 자재하고 보면

그것이 곧 여의 보주니라.

_ 소태산,『대종경』요훈품13장.

6. 마음의 자유

부자유의 뿌리를 캐라

지금 나를 구속하는 것은 무엇인가요.
나의 자유를 빼앗아가는 것은 또 무엇인가요.

그 무엇을 알지 못하면
자유도 얻을 수 없습니다.

멈춰서 밖을 보고
멈춰서 나를 보아야 합니다.
둘 다 보아야 합니다.
부자유의 원인을 깨달아야죠.

그 다음에야
자유를 위한 여정이 시작됩니다.
아니, 자유의 여정은 거기서 시작되는 것이죠.

잠시 멈춰서
내게 머문 부자유를 응시합니다.

○

대범, 선禪이라 함은

원래에 분별 주착이 없는 각자의 성품을 오득하여

마음의 자유를 얻게 하는 공부인 바,

예로부터 큰 도에 뜻을 둔 사람으로서

선을 닦지 아니한 일이 없나니라.

_ 소태산, 『정전』 무시선법 중에서.

○

또는, 공부인이 성심으로 참회 수도하여

적적 성성한 자성불을 깨쳐 마음의 자유를 얻고 보면,

천업天業을 임의로 하고 생사를 자유로 하여

취할 것도 없고 버릴 것도 없고 미워할 것도 없고 사랑할 것도

없어서, 삼계 육도三界六途가 평등 일미요,

동정 역순이 무비 삼매無非三昧라,

이러한 사람은 천만 죄고가 더운 물에 얼음 녹듯하여

고도 고가 아니요, 죄도 죄가 아니며,

항상 자성의 혜광이 발하여

진대지가 이 도량이요, 진대지가 이 정토라

내 외 중간에 털끝만한 죄상罪相도 찾아볼 수 없나니,

이것이 이른바 불조의 참회요, 대승의 참회라

이 지경에 이르러야 가히 죄업을 마쳤다 하리라.

_ 소태산, 『정전』 참회문 중에서.

6. 마음의 자유

자유가 사는 곳

근거 없는 비방이
칼날처럼 헤집고 들어올 때도,
억울한 누명으로
암흑 속을 헤맬 때도,
불의한 권력이
내 삶을 뒤틀어버릴 때도,
탐욕의 불길이
나를 불태워버릴 때도,
분노로
눈이 뒤집힐 때도,
큰 어리석음으로
길을 잃었을 때도,
마음의 자유는 살아있습니다.
내 마음속에서 숨 쉬고 있습니다.
무엇에 사로잡히지 말라고,
어디에 갇히지 말라고 속삭이며….

○

사람이 만일 오래오래 선을 계속하여

모든 번뇌를 끊고 마음의 자유를 얻은즉,

철주의 중심이 되고 석벽의 외면이 되어

부귀 영화도 능히 그 마음을 달래어 가지 못하고

무기와 권세로도 능히 그 마음을 굽히지 못하며,

일체 법을 행하되 걸리고 막히는 바가 없고,

진세塵世에 처하되 항상 백천 삼매를 얻을지라,

이 지경에 이른즉 진대지盡大地가 일진 법계一眞法界로 화하여

시비 선악과 염정 제법染淨諸法이 다 제호醍醐의 일미一味를 이루리니

이것이 이른바 불이문不二門이라

생사 자유와 윤회 해탈과 정토 극락이 다 이 문으로부터

나오나니라.

_ 소태산, 『정선』 무시선법 중에서.

6. 마음의 자유

마음의 힘

갓난아이도 사람이지만
걷지는 못하죠.
어린나무도 나무지만
열매를 맺지는 못하죠.
중생도 부처지만
미완의 부처입니다.

마음도 어리고 약하면
마음대로 되지 않습니다.
마음의 힘을 길러야
마음의 자유를 얻습니다.

수 없이 넘어져도
다시 일어나 걸음마를 하는 아이처럼
마음공부도 그렇게 해야 하는데,
내 마음 나이는 몇 살 정도인지
내 마음의 힘은 얼마나 튼튼한지….

○
세상에 두 가지 어리석은 사람이 있나니,
하나는 제 마음도 마음대로 쓰지 못하면서
남의 마음을 제 마음대로 쓰려는 사람이요,
둘은 제 일 하나도 제대로 처리하지 못하면서
남의 일까지 간섭하다가 시비 가운데 들어서 고통받는 사람이니라.

_ 소태산, 『대종경』 요훈품 16장.

6. 마음의 자유
마음의 힘을 얻은 다음엔

마음의 힘을 좀 얻은 다음엔
무엇을 해야 할까요.
마음을 잘 써서 사람들을 도와주고
세상에 유익을 줘야죠.
그동안 받은 은혜를
차근차근 기쁘게 갚아야죠.
고통 받는 사람도 도와주고
슬픔에 빠진 사람도 도와주어야죠.
마음이 약한 사람도 도와주어야죠.
할 일이 점점 많아집니다.
나는 어제의 내가 아니고
세상도 어제의 세상이 아닙니다.
내가 달라지니 세상도 그만큼 달라집니다.
세상이 마음으로 가득합니다.
세상이 은혜로 가득합니다.
올바른 선 공부, 마음공부는
자비와 사랑을 나오게 합니다.

○

[수도인이 구하는 바는,

마음을 알아서 마음의 자유를 얻자는 것이며,

생사의 원리를 알아서 생사를 초월하자는 것이며,

죄복의 이치를 알아서 죄복을 임의로 하자는 것이니라.]

_ 소태산, 『대종경』 요훈품2장.

○

[중생들은 불보살을 복전福田으로 삼고,

불보살들은 중생을 복전으로 삼나니라.]

_ 소태산, 『대종경』 요훈품46장.

○

무아 봉공은

개인이나 자기 가족만을 위하려는 사상과 자유 방종하는 행동을

버리고, 오직 이타적 대승행으로써

일체 중생을 제도하는 데 성심 성의를 다 하자는 것이니라.

_ 소태산, 『정전』 사대강령 중에서.

무시선
無時禪

01

무시선법無時禪法 원문

[무시선법 원문]

무시선법無時禪法

대범, 선禪이라 함은
원래에 분별 주착이 없는 각자의 성품을 오득하여 마음의
자유를 얻게 하는 공부인 바,
예로부터 큰 도에 뜻을 둔 사람으로서 선을 닦지 아니한 일이
없나니라.

사람이 만일 참다운 선을 닦고자 할진대
먼저 마땅히 진공眞空으로 체를 삼고 묘유妙有로 용을 삼아
밖으로 천만 경계를 대하되 부동함은 태산과 같이 하고,
안으로 마음을 지키되 청정함은 허공과 같이 하여
동하여도 동하는 바가 없고 정하여도 정하는 바가 없이
그 마음을 작용하라.

이같이 한즉,
모든 분별이 항상 정을 여의지 아니하여
육근을 작용하는 바가 다 공적 영지의 자성에 부합이 될 것이니,
이것이 이른바 대승선大乘禪이요 삼학을 병진하는 공부법이니라.

그러므로,

경經에 이르시되 [응하여도 주한 바 없이 그 마음을 내라] 하시었나니,

이는 곧 천만 경계 중에서 동하지 않는 행을 닦는 대법이라,

이 법이 심히 어려운 것 같으나

닦는 법만 자상히 알고 보면 괭이를 든 농부도 선을 할 수 있고,

마치를 든 공장工匠도 선을 할 수 있으며,

주판을 든 점원도 선을 할 수 있고,

정사를 잡은 관리도 선을 할 수 있으며,

내왕하면서도 선을 할 수 있고, 집에서도 선을 할 수 있나니

어찌 구차히 처소를 택하며 동정을 말하리요.

그러나,

처음으로 선을 닦는 사람은 마음이 마음대로 잘 되지 아니하여

마치 저 소 길들이기와 흡사하나니

잠깐이라도 마음의 고삐를 놓고 보면 곧 도심을 상하게 되나니라.

그러므로, 아무리 욕심나는 경계를 대할지라도

끝까지 싸우는 정신을 놓지 아니하고 힘써 행한즉

마음이 차차 조숙調熟되어 마음을 마음대로 하는 지경에 이르나니,

경계를 대할 때마다 공부할 때가 돌아온 것을 염두에 잊지 말고

항상 끌리고 안 끌리는 대중만 잡아갈지니라.

그리하여,

마음을 마음대로 하는 건수가 차차 늘어가는 거동이 있은즉

시시로 평소에 심히 좋아하고 싫어하는 경계에 놓아 맡겨 보되

만일 마음이 여전히 동하면 이는 도심이 미숙한 것이요,

동하지 아니하면 이는 도심이 익어가는 증거인 줄로 알라.

그러나,

마음이 동하지 아니한다 하여 즉시에 방심은 하지 말라.

이는 심력을 써서 동하지 아니한 것이요, 자연히 동하지 않은 것이 아니니,

놓아도 동하지 아니하여야 길이 잘 든 것이니라.

사람이 만일 오래오래 선을 계속하여

모든 번뇌를 끊고 마음의 자유를 얻은즉,

철주의 중심이 되고 석벽의 외면이 되어

부귀 영화도 능히 그 마음을 달래어 가지 못하고

무기와 권세로도 능히 그 마음을 굽히지 못하며,

일체 법을 행하되 걸리고 막히는 바가 없고,

진세塵世에 처하되 항상 백천 삼매를 얻을지라,

이 지경에 이른즉 진대지盡大地가 일진 법계一眞法界로 화하여

시비 선악과 염정 제법染淨諸法이 다 제호醍醐의 일미一味를 이루리니

이것이 이른바 불이문不二門이라

생사 자유와 윤회 해탈과 정토 극락이 다 이 문으로부터

나오나니라.

근래에 선을 닦는 무리가 선을 대단히 어렵게 생각하여
처자가 있어도 못할 것이요, 직업을 가져도 못할 것이라 하여,
산중에 들어가 조용히 앉아야만 선을 할 수 있다는
주견을 가진 사람이 많나니,
이것은 제법이 둘 아닌 대법을 모르는 연고라,
만일 앉아야만 선을 하는 것일진대 서는 때는 선을 못 하게 될 것이니,
앉아서만 하고 서서 못하는 선은 병든 선이라
어찌 중생을 건지는 대법이 되리요.
뿐만 아니라, 성품의 자체가 한갓 공적에만 그친 것이 아니니,
만일 무정물과 같은 선을 닦을진대
이것은 성품을 단련하는 선공부가 아니요
무용한 병신을 만드는 일이니라.

그러므로,
시끄러운 데 처해도 마음이 요란하지 아니하고
욕심 경계를 대하여도 마음이 동하지 아니하여야
이것이 참 선이요 참 정이니,

다시 이 무시선의 강령을 들어 말하면 아래와 같나니라.
[육근六根이 무사無事하면 잡념을 제거하고 일심을 양성하며,
육근이 유사하면 불의를 제거하고 정의를 양성하라.]
_ 소태산, 『정전』 무시선법.

02

풀이·마음편지

[법문]

무시선법

무시선법無時禪法

[풀이]

• 왜 무시선인가?

선 공부는 정해진 장소, 정해진 시간에 하는 것이 아니다. 선 공부는 늘 해야만 하는 것이다. 선 공부는 늘 할 수 있는 것이다. 시도 때도 없이 해야 하는 수행이고 시도 때도 없이 할 수 있는 수행이기 때문이다. 선은 원래 무시선이다.

• 왜 무시선인가?

선 공부는 마음공부이기 때문이다. 내가 마음을 떠날 수 없다. 내 마음은 우주와 함께하고 나도 그렇다. 마음공부의 교재는 마음이다. 선 공부도 그렇다. 마음을 발견하고, 마음을 잘 기르고, 마음을 잘 쓰는 공부이기 때문이다. 나와 마음이 늘 함께하니 마음공부도 늘 할 수 밖에 없다. 선 공부도 그렇다.

• 무시선無時禪 무처선無處禪이란 표어가 있다.

시간과 장소의 경계를 녹여버렸다. 언제 어디서든 마음공부를 해야하고, 할 수 있어야 한다는 말씀이다. 그럴 때, 오직 하나 밖에 없는 이 시간이 꽃피고, 이 장소가 꽃피어난다.

[원문]

대범, 선이라 함은

대범,

선㉛이라 함은

원래에 분별 주착이 없는 각자의 성품을 오득하여

마음의 자유를 얻게 하는 공부인 바,

예로부터 큰 도에 뜻을 둔 사람으로서

선을 닦지 아니한 일이 없나니라.

[풀이]

- 선을 하는 이유와 목적을 분명히 하자. 마음의 자유를 얻기 위함이다. 마음의 자유가 제1 목적이 아니라면 바른 선이라고 하기 어렵다.

- 성품을 이야기하는 이유는 왜인가. 마음의 자유를 얻자고 하는 마음공부가 선인데, 사실은 마음의본래 바탕엔 분별 주착이 없어서 원래 자유롭다는 것이다.

- 그래서 선은 자유를 얻기 위한 공부이기도 하지만 가지고 있는 마음의 자유를 발견하고 회복하기 위한 공부이기도 하다. 원래부터 자유롭다는 것이다.

- 내가 가지고 있는 본래 자유로운 마음의 본질을 발견하는 것을 견성이라고 한다. 각자의 성품을 오득한다는 말이다.

- 성품을 오득한다고 해서 바로 마음의 자유를 얻는 것은 아니다. 더구나 삶의 자유를 얻기는 요원하다. 마음이 자유를 얻은 다음에도 공을 들여야 한다. 성불의 과정이다.

- 이 공부가 가장 큰 공부이니 이 공부를 완성한 이들을 부처라고 부른다.

[마음편지]

뼛속까지 자유

나를 묶었던 줄의 길이가 늘어났습니다.
난 좀 더 자유로워졌습니다.
나를 가두었던 감옥의 넓이가 늘어났습니다.
난 좀 더 자유로워졌습니다.
나를 묶었던 줄이 풀어지고,
감옥으로부터 탈출을 했습니다.
……
여기서의 자유는 이런 자유가 아닙니다.
애초부터 나는
줄로 묶을 수 있는 존재가 아니고,
감옥에 가둘 수 있는 존재가 아님을 깨닫는 데서 오는
아주 근본적인 자유입니다.
구속될 수 없는 자유인 것이죠.
무엇으로부터 쉽게 침해 받는
그런 자유가 아니고,
누군가 쉽게 빼앗아 갈 수 있는
그런 자유가 아니라, 뼛속까지 자유, 그런 자유죠.
'성품을 오득悟得하여' 얻는 마음의 자유는
그런 철저한 자유입니다.

나눔의 끝

나, 너.
남자, 여자.
예쁜 사람, 미운 사람.
선, 악.
삶, 죽음.
깨끗함, 더러움.
보수, 혁신.
성스러움, 속됨.
행복, 불행.
……
삶은 분별, 나눔의 연속인데
이 나눔은 또 둘로 나뉘죠.

나눠보면 압니다.
마음이 불편하고, 불행해지는 나눔이 있고,
나눌수록 떳떳하고, 행복해지는 나눔도 있습니다.

나눔의 끝에서 불행을 깨달으면 너무 늦습니다.
한 마음 내기 전에 이미 지켜보고 있어야죠.

내 마음이 머무는 곳

마음공부의 시작은
내 마음을 보는 것에서 시작합니다.
내 마음이 어디에 머물고 있는지를 보아야 합니다.
내 마음이 주로 머무는 곳이 어딘가요?
명품백일 수도 있고, 사랑하는 자식일 수도 있고
명예나 돈일 수도 있죠.
또는 옳고 그름일 수도 있습니다.

내 마음이 어딘가를 서성이고 자주 머물다가住
딱! 꽂혀서 옴짝 달싹 못하게 될 때가 있습니다.
이런 마음을 착심著心이라고 합니다.
어딘가에 착 달라붙어서 떨어지질 않죠.
이 마음을 알아채기가 쉽지 않고
주착심主着心을 이해하기도 어렵죠.
그래야 그 심각한 후유증도 알 수 있는데….

살아있는 사람의 마음은
늘 서성이고 기웃거리고 머물고 싶어 합니다.
마음공부는 이 마음을 놓치지 않고 보는 것입니다.

주착이 무섭다

그 사람을 사랑합니다.
거기서 그치면 좋은데
사랑이 지나쳐서 애착愛着이 됩니다.
상대방을 소유하고 독점하려고 합니다.
이 사랑의 종말은 비극입니다.
물욕에 눈이 어두워져서 별 짓을 다 합니다.
탐착貪着입니다.

이 욕심이 이끄는 곳이 지옥이죠.
섭섭하고 잠시 원망할 수 있죠.
하지만 끝내 잊지 못하고
증오가 내 삶을 지배한다면
이것은 원착怨着입니다.

아수라장이 열리게 되죠.
온갖 고통과 범죄의 이면을 봅니다.
그럴듯한 명분의 분쟁과 전쟁의 속내를 봅니다.
반드시 어떤 주착심主着心이 자리하고 있죠.
온갖 비극의 연출자가 바로 주착심이죠.
이걸 깨달아야 선禪공부가 깊어집니다.

주착 전에 분별 있다

다른 것보다 훨씬 좋은 명품이니까
명품에 주착主着하죠.
주착하기 전에 '좋다, 나쁘다'는 분별分別이 있죠.

다른 사람보다 매력이 있기 때문에
그 사람을 잊지 못하고 좋아하죠.
주착하기 전에 '매력 있다, 없다'는 분별이 선행되죠.

주착심이 문제가 되는 이유는
마음의 자유를 방해하기 때문입니다.
주착심이 내 삶을 끌고 다니게 됩니다.

이런 주착심에서 벗어나고자 한다면
내 마음을 잘 들여다보아야 합니다.
헛된 분별심은 없는지

분별의 그림자가 주착심입니다.
분별심을 다스려야 주착심도 다스려집니다.
분별없는 마음을 강조하는 이유입니다.

물 빠지면 원단

빨간 색 천이 있고 파란 색 천도 있죠.
빨간 천이 말합니다.
"난 원래부터 빨갰어!"
파란 천도 말합니다.
"나도 태어날 때부터 파랬거든?"
옆에서 듣고 있던 하얀 천이 말합니다.
"너희들은 원래 하얬거든
빨간 물, 파란 물을 들였을 뿐이야"라고.

성품에는 원래 선도 없고 악도 없고
좋다, 싫다, 아름답다, 추하다,
더럽다, 깨끗하다 같은 분별이 없습니다.
그래서 따로 주착할 것도 없죠.
견성이란 성품을 본다는 것이죠.
빨간 색 천과 파란 색 천을 보면서도
그 원단이 하얗다는 것을 아는 것이 견성입니다.
원단을 본 사람은
빨간 물이나 파란 물을 빨아버릴 수도 있고,
하얀 원단에 색색의 물을 들일 수도 있죠.
자유자재합니다. 비유하자면 그렇다는 것이죠.

창살에 갇힌 얼음

얼음 한 덩이로 커피를 끓일 수 있나요?
어린 아이가 아니라면 끓이겠죠.
얼음을 녹여서 물을 만들고
그 물을 다시 끓이면 되니까요.

수증기와 물과 얼음은
다르지만 같고, 하나이면서 셋입니다.
물을 잘 아는 사람은
허공에서 얼음을 만들 줄도 알고,
태산 같은 얼음을 허공으로 만들 줄도 압니다.
마음과 성품을 안다는 것이
마치 물을 아는 것과 비슷하죠.

창살에 갇힌 얼음을 생각해보십시오.
그 얼음은 얼어 있는 동안만 갇혀있습니다.
마음이 어딘가에 갇혀 있다면
아직 마음의 본질을 모르기 때문인 셈이죠.
마음을 깨닫는 순간
마음의 감옥은 부질없어집니다.

왼손과 오른손

왼손과 오른손은 다투지 않습니다.
왼손이 다치면 오른손이 감싸 안아주죠.
넘어져서 무릎이 깨져도
두 팔이 무릎을 나무라지 않죠.
신속하게 상처를 닦고 약을 바릅니다.
부모님들은
자식들이 잘못해도 자기 잘못이라고 하고,
자식들이 배불리 먹으면
먹지 않아도 배부르다고 하시죠.
왜 그럴까요?
'둘'이 아니라 '하나'이기 때문입니다.

하나의 뿌리에서 줄기가 나오듯
마음 줄기가 달라도 성품이란 뿌리는 하나입니다.

성품을 깨닫는다는 것은
마음의 뿌리를 안다는 것이고
이렇게 '하나'임을 알면
자유로운 삶은 자연히 꽃피게 됩니다.

[원문]
사람이 만일 참다운 선을 닦고자 할진대

사람이 만일 참다운 선을 닦고자 할진대

먼저 마땅히 진공眞空으로 체를 삼고 묘유妙有로 용을 삼아

밖으로 천만 경계를 대하되 부동함은 태산과 같이 하고,

안으로 마음을 지키되 청정함은 허공과 같이 하여

동하여도 동하는 바가 없고 정하여도 정하는 바가 없이

그 마음을 작용하라.

[풀이]
- '참다운 선'이란 마음의 자유를 얻기 위한 마음공부를 말한다. 잡다한 것까지 구하지는 말아야 한다. 마음공부와 선의 목적을 분명히 해야 한다.

- 마음이 원래 텅 비어 있으면서도 묘하게 있음을 알아야 한다. 성품도 그렇다. 모든 존재들의 본질도 마찬가지다. 석가모니 부처님의 핵심 가르침이다. 마음을 어설프게 비우거나 어설프게 사용해서는 안된다. 참으로 비우고, 절묘하게 사용해야 진공묘유이다. 이 자리를 알고 시작하면 좋지만 몰라도 이 공부를 해야 한다.

- 내 마음을 작용하게 하는 모든 것들이 '경계'이다. '나'와 '너', '안'과 '밖'을 구분 짓는 것이 '경계'이다.

- 천 가지 만 가지 경계에, 온갖 상황에도 흔들리지 말라는 말씀이다. 태산과 같이 꿈쩍도 않고 움직이지 말고, 마음도 허공과 같이 지키라는 말씀이다.

- '동' 動과 '정' 靜의 분별과 경계를 녹여버려야 한다. 동해도 정에 바탕 해야 하고, 정해도 동과 동떨어지지 않아야 한다. 바쁘게 활동해도 일 없을 때의 심경으로 할 수 있어야 하고, 일이 없을 때는 일이 있을 때를 준비해야 한다.

- 동정이 서로를 떠나지 않아야 한다. '동정간불리선' 動靜間不離禪 이라고도 한다. 이건 새로운 차원의 삶이 열리는 소식이다.

[마음편지]

기본

야구를 하든지
축구를 하든지
꼭 해야 하는 운동이 있죠.
달리기나 근력 운동, 유연성 기르기 등이죠.
기본 운동입니다.
수도인도 마찬가지입니다.
경전을 읽고
계문을 지키고
온갖 고행을 해도
큰 공부를 이루려면
꼭 해야 하는 공부가 있습니다.
선禪입니다.
선 공부가 기본이란 뜻이죠.
기본은 가장 중요해서 기본이고
무엇보다 우선해야 해서 기본입니다.
얼마나 중요하면
"예로부터 큰 도道에 뜻을 둔 사람으로서
선禪을 닦지 아니한 일이 없나니라."
이렇게까지 말씀하셨을까요.

큰 길

박사 학위를 가졌어도
상식 이하의 행동을 합니다.
강한 권력을 가졌어도
작은 욕심에 무너지곤 합니다.
돈을 많이 모았지만
오히려 불행을 앞당기기도 합니다.
높은 명예를 가진 사람들이
비난의 손가락질을 받기도 합니다.
작은 것은 구했어도
큰 것은 놓쳤기 때문이죠.
스승님들께서는 도道란 '길'이고
'떳떳이 행하는 것이 도道'라고 하셨죠.
가야할 바른 길을 알고,
그 길을 떳떳이 가고 있어야
도道를 행하는 사람입니다.
그 길을 가는 사람이 도인道人입니다.
우리 모두 큰 길 가는 도인되십시다.
그 길 가는 게 오히려 쉽고 즐겁거든요.

정말 비었구나

밤잠을 설치게 하는 사랑은
어디서 왔을까?
몸서리치게 하는 분노는
어디서 왔을까?
나를 물들이는 기쁨과 슬픔은
또 어디서 왔을까?

내 마음을 들여다보고
또 들여다봅니다.
깊이 보고
바닥까지 봅니다.

어이없게도
정말 비어있죠.
사랑과 미움, 분노와 슬픔…
이런 것들의 뿌리가 실없음을 보게 됩니다.

정말 그런지 보고 또 봅니다.
이게 선禪공부, 마음공부의 시작입니다.

이 소리는 어디서 왔을까?

피리 하나 있습니다.
고요히 잠 든 듯.
방금 전까지
높은 소리, 낮은 소리를 내던,
구슬픈 가락을 연주하기도 하고
자지러지게 흥겨운 노래도 한
바로 그 피리입니다.
지금 피리는
텅 비어서
아무 소리도 없습니다.
마치 잠든 듯, 죽은 듯.
비어 있던 피리에
다시 바람이 지나가면
피리는 또 노래하겠지요.
슬픈 노래, 기쁜 노래,
분노의 가락과 사랑의 가락을.
그런데
이 묘한 소리는 어디서 왔을까요?
피리도 바람도 텅 비어 있는데….

마음 산, 마음 허공

비난의 불화살이 가슴에 꽂힙니다.
걸음걸음 가시가 발바닥에 박힙니다.
말 문 막히는 억울함에 가슴 터집니다.
믿었던 사람이 등을 돌리고,
사랑은 떠나갑니다.
가야할 길은 너무 아득하죠.
살아야 할 이유를 찾기가 쉽지 않습니다.
천만 경계가 나를 막아섭니다.
절망하라고 합니다.
…
…

그래도 끄덕하지 않아야
내 마음에
큰 산 하나 모시고 사는 것이죠.
그래도 힘들면
마음 허공 모셔야죠.
쓰러뜨릴 수도 없고
상처 낼 수도 없는,
절망도 그냥 삼켜버리는 마음 허공.

태산과 허공 사이

마음 태산도 버겁고
마음 허공도 어렵다면
이건 어떨까요?
마음 갈대.

불어오는 바람엔 누웠다가
바람이 지나가면 다시 일어서는.

뭐라 하지도 않고
언제 그랬냐는 듯 무심히 일어서는.

바람도 어쩌지 못하고
흔들다 지쳐서 떠나가고 마는.

가만히 있어도 아름답고
흔들려도 아름다운.

그런 갈대로 서 있어도
괜찮을 듯싶은 가을입니다.

[원문]

대승선이요, 삼학을 병진하는 공부법

이같이 한즉,

모든 분별이 항상 정을 여의지 아니하여

육근을 작용하는 바가 다 공적 영지의 자성에 부합이 될 것이니,

이것이 이른바 대승선大乘禪이요 삼학을 병진하는 공부법이니라.

[풀이]

- 마음이 동한다는 것, 움직인다는 것은 마음이 분별하기 시작한다는 것이다. 마음이 분별을 하면서도 정을 떠나지 아니한다는 것은 마음이 움직이면서도 움직이지 않는다는 것이다. 무시선의 극치가 여기에 담겼다.

- 이 경지에서는 어떤 심신작용을 하든 공적 영지가 발현되는 것이고 소태산이 '공적 영지가 앞에 나타나게'라고 설했던 게 이것이다.

'선종禪宗의 많은 조사가 선禪에 대한 천만 방편과 천만 문로를 열어 놓았으나, 한 말로 통합하여 말하자면 망념을 쉬고 진성을 길러서 오직 공적 영지空寂靈知가 앞에 나타나게 하자는 것이 선'
_ 소태산, 『대종경』 수행품12장.

- 모든 심신작용이 자성에 부합하니 분별이 성품을 떠나지 아니하고, 심신작용은 진리를 떠나지 아니한다.

- 소태산은 법위등급 대각여래위 조항에서 '동하여도 분별에 착이 없고 정하여도 분별이 절도에 맞는 사람'이라고 했다. 특정한 시간과 장소에서 특별한 사람만 할 수 있는 선은 소승선이다. 무시선은 대승선이다. 언제나 어디서나 누구나 할 수 있는 선이기 때문이다.

- 소태산 방식으로 말하자면 무시선은 삼학을 병진하는 공부이다. 언제 어디서나 정신수양, 사리연구, 작업취사 삼학을 동시에 하는 것이다. 석가모니 식으로 말하자면 계, 정, 혜 삼학을 하는 것이다.

- '응용하는데 온전한 생각으로 취사하기를 주의' 하는 공부다.

[마음편지]

흔들림 없는 물

두 손에 물그릇을 들고 걷습니다.
자칫하면 물이 넘쳐흐르죠.
뛰거나 엎어지면
물도 덩달아 뛰고 엎어지죠.

그런데. 걷거나 뛰거나 엎어도
물이 까딱도 하지 않는 그런 그릇이 있죠.
마음 그릇입니다.

정靜하면 정한대로
동動하면 동한대로 그대로입니다.
동과 정 사이엔 담장이 무너지고
마음은 본래 비었는데
무엇이 요란하고 넘치고 엎어지겠어요?

물그릇 들고 담장을 넘고 냅다 달려도
물 한 방울 튀지 않아야 무시선입니다.
생각만으로도 자유롭고 통쾌하죠.

묘한 고요함

이 고요함은
시끄러움과 싸우지 않습니다.
이 고요함은
힘이 세어서 쉽게 망가지지 않죠.
이 고요함은
무게 추와 같이 내 삶에 중심을 잡아줍니다.
이 고요함은
늘 밝은 지혜와 함께 다니죠.
이 고요함은
큰 보자기 같이 뭐든 푸근히 감싸 안죠.
이 고요함은
온전한 생각으로 취사하다보면 생겨요.
이 고요함을 조금이라도 맛보면
소중한 인연들에게 맛보이고 싶죠.
말로 다 할 수 없이 좋으니까요.
공적空寂해서 한가로운데
영지靈知가 빛나니 환해서 좋아요.

모두 타세요

불행에서 행복으로
지옥에서 극락으로
파란고해에서 광대무량한 낙원으로
차안此岸에서 피안彼岸으로
어서 건너가자고
여기 머물지 말라고
우리를 부추기는 분이 있죠.

나도 건너갈 수 있냐고 묻는 우리에게
부처님은 말씀하시죠.
"네, 그럼요, 모두 타세요!"라고
어디에 타냐고 묻는 우리에게 또 말씀하시죠.
'한마음'이면 충분하다고
이미 우리 모두 타고 있다고.

한마음 챙겨서
온전한 생각으로 취사하면 된다고
한마음이 가장 큰 것(大乘)이니
안심하라고 하십니다.

온전한 생각으로 취사하기

마음에 요란함이 없이
마음에 어리석음과 그름도 없이 살아갑니다.
바람이 불면 파도가 일듯이
경계 따라 마음에 요란함이 생기지만
요란함이 일어나는 이치를 알았으니
요란함을 잠재우는 이치도 알 수 있죠.
마음에 힘이 생기면
천만가지 경계들이 무력無力해지죠.
마음의 지혜광명이 온갖 경계를 녹여버립니다.

경계를 당할 때마다
온전한 생각으로 취사하고,
또 온전한 생각으로 취사하고,
또 온전한 생각으로 취사하기를 주의하다보면
그 안에 진공묘유, 공적영지, 대승선과 같은 말이
하나로 녹아납니다.
누구나 할 수 있고,
언제 어디서나 쉽게 할 수 있는 공부입니다.
그래서 대승입니다.

[원문]

응하여도 주한 바 없이 그 마음을 내라

그러므로, 경經에 이르시되

[응하여도 주한 바 없이 그 마음을 내라] 하시었나니,

이는 곧 천만 경계 중에서 동하지 않는 행을 닦는 대법이라,

[풀이]

- 무엇에 무엇이 '응'應한다는 것인가. 천만 경계에 마음이 응한다는 것이다. 천만가지 상황에 마음이 답한다는 것이다.

- 마음이 응할 때 무엇에, 어디에 '주'住하지 말란 것인가. '공적영지'空寂靈知 말고는 어디에도 머물지 말라는 것이다.

- '텅 비고 고요해서 신령스러운 지혜가 빛나는 마음'으로, '공적영지'로 천만 경계에 응하라는 것이다.

- 옳다, 그르다, 이롭다, 해롭다, 남자다, 여자다, 백인이다, 흑인이다, 좌파다, 우파다, 같은 고향사람이다… 모두

부질없는 주소요, 틀린 주소다.

• 부처가 머무는 주소는 그저 공적영지 마음자리다. 다른 데 주소가 있는 이들을 범부 중생이라고 한다.

• 마음을 내는 것을 마음이 동한다고 하는데 마음을 내는데도 묘하게도 마음이 동하지 않는 새로운 차원을 말씀한다. 그렇게 마음을 잘 쓰라고, 이것이 용심법用心法의 핵심이라는 말씀이다.

• 천만경계에 응해서 심신작용을 할 때마다 헛된 주소를 확인하지 않아도 된다. 마음을 써도 동하지 않으니, 마음에 마찰도 없고, 마음이 힘들지 않다. 마음의 자유란 이런 것이다. 마음이 자유로우니 내 삶도 자유롭다.

• '응무소주이생기심' 應無所住而生其心 금강경의 핵심 내용이다. 금강경은 대승불교의 대표적 경전이다. 원각성존 소태산이 불법을 기반으로 가르침을 펴게 된 배경이다.

• 천만경계에 '응' 해서 심신작 '용' 할 때 이렇게 마음을 사용하라는 말씀이다. '응무소주이생기심' 다른 말로 '응용하는데 온전한 생각으로 취사하기를 주의' 하라는 말씀이다.

[마음편지]

응답하라

"길동씨!" 하면 "네" 하고 대답하죠.
응應하는 것이죠.

마음을 깊이 들여다봅니다.
마음이 어딘가에 응하고 있습니다.

아무 일이 없어도
마음은 대개 무언가에 응하고 있습니다.
그 응하는 대상이 '경계'죠.

응하고 있는 것조차 모르면
마음을 놓치고 있는 것입니다.

응하는 순간 마음공부의 성적이 달라지죠.
천만경계에 어떻게 응하느냐에 따라
내 삶이 좌우됩니다.

오늘 내게 다가올 천만경계에
응답할 준비는 되셨나요?

누구냐, 넌?

누군가 나를 부릅니다.
나에게 대답하라고.

부름에 응합니다.

그런데
그 부름에 응하는
'나'는 누구입니까.

바깥에서 나를 부르는
'경계'도 보아야 하지만

정말 뚫어지게 보아야 할 것은
'천만경계'에 응하는
'나'의 정체입니다.

'경계'에게 묻지 말고
'나'에게 묻습니다.
'누구냐? 넌?'

어제의 내가 아니다

먹고 싶은 음식을 참는 것,
한계가 있죠.
실천하기 어려운 선행을 하는 것,
하다가 지치죠.
끓어오르는 화를 참는 것도 한두 번,
참다가 폭발하고 말죠.
마음 길들이기는 쉽지 않습니다.

어느 날 문득 거친 욕심들이 잠자고,
하기 싫던 일도 즐기게 되고,
화가 나지 않아서
참아낼 이유가 없어지는 때.

그때의 나는
어제의 나와 다릅니다.
새로운 나의 탄생입니다.
물론,
새로운 내가 만나는 세상도
어제의 세상은 아닙니다.

공적영지

맑은 햇빛은
있는지도 없는지도 모르겠어요.
그저 만물을 잘 드러내 주기만 할 뿐
빛을 잃어봐야 그 소중함을 알게 되듯
마음의 빛도 그런 것 같아요.

공空, 텅비고,
적寂, 고요하고
영靈, 신령스러운
지知, 알음알이

소리 없이 두루 비치는 햇살처럼
공적영지의 광명으로
투명하고 밝게 살면 좋겠어요.

[원문]
이 법이 심히 어려운 것 같으나

이 법이 심히 어려운 것 같으나

닦는 법만 자상히 알고 보면

괭이를 든 농부도 선을 할 수 있고,

마치를 든 공장工匠도 선을 할 수 있으며,

주판을 든 점원도 선을 할 수 있고,

정사를 잡은 관리도 선을 할 수 있으며,

내왕하면서도 선을 할 수 있고,

집에서도 선을 할 수 있나니

어찌 구차히 처소를 택하며 동정을 말하리요.

[풀이]

- '법'이란 것이 원래 쉬운 것이다. 법을 알면 뭐든지 하기 쉬워진다. 공을 차는 법, 수영을 하는 법, 대화하는 법, 건강을 지키는 법, 행복하게 사는 법… 알고 실천하면 유익한 삶의 지혜들이다.

- 무시선법은 쉽게 말하자면 '마음 사용하는 법'이다. 마음을 사용하지 않을 때가 없으니 무시선이고 사용을 잘하게 하려고 사용법을 알려주신 것이다.

- 시간과 장소에 구애되는 마음사용법은 너무 한정적이다. 언제 어디서나 활용할 수 있는 마음사용법이 무시선법이다.

- 천가지 만가지 상황에서도 마음사용법이 필요하다. 천가지 만가지 상황에서 빛을 발하는 마음사용법이 필요하다.

- 천가지 만가지 상황에서도 마음사용법을 단련해서 천가지 만가지 상황에서 활용하면 된다. 가장 실용적이고 사실적이고 효과적인 마음공부법이어야 한다.

- 언제나, 무시로 써먹어야 해서 무시선無時禪이고, 어디서나, 무처로 활용해야 하니 무처선無處禪이다.

[마음편지]

무시로

등산하는 사람이 말합니다.
오늘은 비가 와서 등산을 못하고
오늘은 날이 더워서 못하고
오늘은 눈이 와서 못하고
오늘은 뱀이 나와서 못하고
오늘은 우울해서 등산을 못하겠다고…….
말이 안 되죠.

마음공부도 마찬가지죠.
바빠서 못하고
사업이 잘 안되어서 못하고
아파서 못하고
집안에 우환이 있어서 못하겠답니다.

이래서 못하고 저래서 못하는 것이 아니라
이래서 하고 저래서 하는 것이 마음공부죠.

선禪이란 원래, 무시無時로 하는 겁니다.

괭이 들고 선을 하지 않으면

괭이를 든 농부가 선을 하지 않으면
괭이로 내 발등을 찍을 수 있어요.
마치를 든 공장工匠이 선을 하지 않으면
마치로 내 손등을 두들깁니다.

주판을 든 점원이 선을 하지 않으면
계산이 틀리고 양심을 팔아먹기 십상이죠.

정사를 잡은 관리가 선을 하지 않으면
본분을 망각하고 탐관오리가 되기 쉽죠.
내왕하면서, 집에서 선을 못한다면
떠돌이 같은 삶을 면하기 어렵죠.

선은 마음공부!
마음만 있으면 누구나 할 수 있고
누구나 해야만 합니다.

하지 않는 순간
내 삶이 구차해지기 시작합니다.

하나를 놓치지 마세요

괭이질은 누가 하나요?
마치질은 누가 하나요?
주판은 누가 놓나요?
정사는 누가 하나요?
농부, 공장工匠, 점원, 관리……?

좀 더 깊이 보면
그들이 아니라, 그들의 '마음'이죠.

선禪이란 내 마음 하나〈홑, 單〉를
뚫어지게 보는〈示〉 것에서 시작합니다.
그래서 세상 만물이
하나로〈單〉 보이는〈示〉 데까지 나아가야죠.

마음 하나를 놓치면
모든 것을 놓칩니다.
언제 어디서나 하나를 놓치지 말라고
무시선법無時禪法인 것 같습니다.

내 운명이 바뀌는 때

아차!
도로 분기점을 지나칩니다.
이야기를 하다가 한눈을 판 거죠.
한참을 달려서 다시 제자리로 돌아와야죠.

아차!
말을 잘 못 뱉었습니다.
주워 담을 수는 없고 난감합니다.

아차!
돌이켜보니 그때 그 선택이
지금 받고 있는 고통의 뿌리죠.

내 삶이 언제 바뀌는지
가만히 나를 지켜봅니다.
아차! 하는 한 순간이고
한 마음 내는 순간이죠.
선禪이란 순간의 승부입니다.

[원문]

저 소 길들이기와 흡사하나니

그러나, 처음으로 선을 닦는 사람은
마음이 마음대로 잘 되지 아니하여
마치 저 소 길들이기와 흡사하나니
잠깐이라도 마음의 고삐를 놓고 보면 곧 도심을 상하게
되나니라.

그러므로, 아무리 욕심나는 경계를 대할지라도
끝까지 싸우는 정신을 놓지 아니하고 힘써 행한즉
마음이 차차 조숙調熟되어 마음을 마음대로 하는 지경에 이르나니,
경계를 대할 때마다 공부할 때가 돌아온 것을 염두에 잊지 말고
항상 끌리고 안 끌리는 대중만 잡아갈지니라.

[풀이]

- 선의 목적은 '마음의 자유'를 얻는 데 있다. 그래야 자유로운 삶을 행복하게 살 수 있기 때문이다. 소태산은 마음의 자유를 참 쉽게 설명했다. '마음을 마음대로' 하는 것이라고.

- 마음의 자유를 처음부터 얻을 수는 없다. 소 길들이듯이 마음도 길들이는 과정이 필요하다. 마음의 고삐를 놓치면 무념無念이고 방심放心이다. 마음의 고삐를 놓지 않는 것이 유념有念이고 집심執心이다.

- 길들지 않은 소는 객심客心이고 욕심慾心이라면, 길들이는 목동은 주심主心이고 도심道心, 온전한 마음이다. 길이 안 든 소는 풀을 먹으려 남의 밭으로 목동을 끌고 간다. 욕심나는 경계를 당했을 때가 정신을 바짝 차릴때다. 마음공부의 승부처인 셈이다.

- 마음공부에 공을 들이다보면 주심과 객심, 도심과 욕심의 소모전이 줄어든다. 법마상전法魔相戰의 치열한 전쟁은 종식되고 마음의 평화가 찾아온다.

- 잊지 말아야 할 것은 경계를 당할 때가 마음공부할 때라는 것이다. 경계와 내 마음을 잘 보고 있어야 한다.

- '감'感을 잘 잡고 살면 된다. '대중'을 잘 잡고 살면 된다. 공부가 생활하는데 구속이 되지 않는다. 공부와 생활이 둘이 아니게 된다. 오히려 생활이 나아지고 공부는 깊어진다.

[마음편지]

마음 소

먼저 마음을 봐야죠.
그래야 마음을 잡을 수 있습니다.

모양도 없고
무게도 없고
소리도 없고
색깔도 없지만
마음은 잘 보면 보입니다.

마음 소를 보지도 못하고
마음 소를 잡겠다는 이들이 있습니다.
물고기를 모르면서 낚시를 하고
돈을 모르면서 돈 벌겠다고 하고
행복을 모르면서 행복을 구하는 것과 같죠.

마음을 못 보면 나를 못 보는 것이고
마음을 놓치면 인생을 놓치고 맙니다.
뼈저린 사실이죠.
마음공부를 해야 하는 이유입니다.

거친 소

욕심나는 경계
화나는 경계
어리석어지는 경계를 만나면
마음 소가 제 정신을 잃곤 합니다.
유순한 마음 소가
한 순간 거친 소로 돌변하죠.
내 안의 마음 소가 날뛰면
논밭을 다 망쳐버리게 되죠.
소 주인이 소를 부리지 못하고
소가 주인을 끌고 다니게 됩니다.
바쁘면 바쁠수록
경계가 많으면 많을수록
마음 소는 옆길로 가려고 용을 쓰곤 하죠.
마음 고삐를 챙겨야 할 때입니다.
'챙기지 아니하고 어찌 그 마음을 닦으리요'
라는 스승님 말씀처럼, 마음을 챙겨야죠.
언제? 지금!
그래서, 늘 마음 챙김, 무시선無時禪!

성전을 시작하라

이 싸움은 나와 나의 싸움.
이 싸움은 내 마음과 내 마음의 싸움.
욕심이 커질수록
치열해야 하는 싸움.
마음을 바닥까지 보아야
마침내 끝나는 싸움.
한 순간도 마음을 놓치지 않아야
승리하는 싸움.
반드시 끝을 봐야 하는 싸움.

하지만, 아무런 무기도 필요 없고
미소를 머금고도 치룰 수 있는 싸움.
사람을 사람답게 하는,
누구나 해야 하는 유일한 전쟁.
마음난리 평정하는 성전聖戰.
세상의 부질없는 싸움과 전쟁을 종식시킬
단 하나의 전쟁.
소태산 스승님께서 말씀하십니다.
끝까지 싸우는 정신을 놓지 말라고.
승리의 그 순간까지.

대중을 잡아야

배가 고파서 먹는 건가요?
그냥 끌려서 먹는 건가요?
내가 술을 마시는 건가요?
술이 나를 마시는 건가요?
혹시 그 사람이 미워서
그가 틀려 보이는 것은 아닌가요?
그가 다 옳아 보이는 것이
혹시 내가 그를 좋아해서 그런 건 아닐까요?
이 판단을 하는 기준이 '대중'이고
그 자리가 '일원상'(○) 자리죠.

내 마음의 저울이 '영'(0)을 가리키고 있어야
이런 저런 대중을 잡을 수 있죠.
어떤 경계 속에서도
새파랗게 눈 뜨고
이 자리를 보고 있어야 합니다.
마음을 잡아야 하고
대중을 잡아야 합니다.
그래야 삶을 놓치지 않습니다.

[원문]
도심이 익어가는 증거

그리하여, 마음을 마음대로 하는 건수가 차차 늘어가는
거동이 있은즉
시시로 평소에 심히 좋아하고 싫어하는 경계에 놓아 맡겨 보되
만일 마음이 여전히 동하면 이는 도심이 미숙한 것이요,
동하지 아니하면 이는 도심이 익어가는 증거인 줄로 알라.
그러나, 마음이 동하지 아니한다 하여 즉시에 방심은 하지 말라.
이는 심력을 써서 동하지 아니한 것이요,
자연히 동하지 않은 것이 아니니,
놓아도 동하지 아니하여야 길이 잘 든 것이니라.

[풀이]

- 마음공부, 마음훈련을 하는 구체적인 방법이다. 경계에 놓아 맡겨보아서 평가해보란 말씀이다.

- 욕심 경계에 마음이 끌려가는지 아닌지, 역경에 마음이 움츠러들지 않는지, 순경에 마음이 나태해지고 간사해지지 않는지, 공경에 마음이 길을 잃고 무기력해지지 않는지, 두고 보라는 것이다.

- 마음에 힘을 써야 마음이 동하지 않는 단계에 머물러선 안된다. 자연스럽게 마음이 동하지 아니하는 단계까지 나아가야 한다.

- 마음을 놓아도 샛된 길로 가지 않는 단계가 되어야 한다. 이 때야 비로소 '과거의 나'와는 달라진 '새로운 나'로 살아갈 수 있다.

- 마음의 힘이 충분히 갖춰지면 나도 '새로운 나'로 거듭나게 되고, 새로운 내가 살아가는 세상 또한 '새로운 세상'이 된다.

- 마음공부란 내 마음을 내가 길들이는 공부다. 무시선도 그렇다. 시도 때도 없이 나대는 내 마음을 길들이는 공부다. 공부에 시도 때도 없어야 한다.

[마음편지]

바로 지금

마음공부는 지금 하는 것.
뒤로 미루면 안 됩니다.
그냥 지금 마음을 챙기면 됩니다.
또, 경계를 대할 때가 공부할 때죠.
경계를 놓치면 공부도 놓쳐 버리고,
공부를 놓치면 인생도 놓쳐 버립니다.
아무리 바빠도
조용한 눈길로 지켜보고 있어야죠.

어떤 경계가 다가오는지.
경계가 왔는지도 모른다면
어떻게 마음공부를 하겠어요.
공부하기 싫은 학생처럼
어질러진 책상 치우고 방청소하고 나서
공부한다고 하지 말아야죠.
마음공부는 뒤로 미루는 게 아닙니다.
내 주변이 엉망진창이어도
바로 지금 하는 겁니다.
더욱 더 '바로 지금'!

내 마음의 주인

내 마음은 누가 움직이나요?
내 마음을 돈이 움직이면
돈이 내 주인인 것이겠죠.

내 마음을 명예가 움직이면
명예가 내 주인인 것이죠.

내 마음을 사랑이 움직이면
나는 사랑의 포로인 셈이죠.

내 마음을 물욕이 움직인다면
나는 물욕의 노예인 셈이죠.

내 마음을 내 마음대로 못한다면
도대체 나의 주인은 누구일까요?

내가 내 마음의 주인이 되고,
내가 내 인생의 주인이 되기 위해서,
지금 나는 내 마음을 공부하는 중입니다.

선이 나를 따라와요

처음에는
내가 선을 찾아 다녀야죠.
선이 무엇인지 알아야 하고
언제 어디서나 선을 해보려고 노력해야죠.
선의 맛을 찾아야죠.
선 공부가 익으면
선의 맛을 잊을 수가 없죠.
해야 하는 선에서
하지 않을 수 없는 선으로
저절로 되는 선으로 변하죠.
이제
선이 나를 따라옵니다.
밤낮없이
나를 졸졸 따라다닙니다.
이제
헤어지기 어려워진 것 같아요.
그냥
함께 지내야겠어요.
점점 더 사이좋게.
점점 더 깊어지면서.

힘을 빼세요

"어깨에 힘을 빼세요."
테니스 선생님이 주문하죠.

그래서 힘을 빼면
그렇게 하면 어떻게 공을 치냐고
또 야단을 칩니다.
힘을 빼란 것인지 빼지 말란 것인지...

힘을 주되 긴장 하지 말란 건데
감 잡기 힘들죠.

오랜 연습 끝에 깨닫게 됩니다.
공은 힘 있게 치면서도
몸에 불필요한 힘은 빼야함을.
그래야 공도 잘 넘어가고
몸도 지치지 않음을.

마음도 마찬가지
"하되, 하는 바 없이"

[원문]
항상 백천 삼매를 얻을지라

사람이 만일 오래오래 선을 계속하여

모든 번뇌를 끊고 마음의 자유를 얻은즉,

철주의 중심이 되고 석벽의 외면이 되어

부귀영화도 능히 그 마음을 달래어 가지 못하고

무기와 권세로도 능히 그 마음을 굽히지 못하며,

일체 법을 행하되 걸리고 막히는 바가 없고,

진세塵世에 처하되 항상 백천 삼매를 얻을지라,

이 지경에 이른즉 진대지盡大地가 일진 법계一眞法界로 화하여

시비 선악과 염정 제법染淨諸法이 다 제호醍醐의 일미一味를 이루리니

이것이 이른바 불이문不二門이라

생사 자유와 윤회 해탈과 정토 극락이 다 이 문으로부터

나오나니라.

[풀이]

- 소태산은 마음공부를 '오래오래' 하라고 거듭해서 당부한다. 정신수양 공부도 '오래오래' 하라고 하고 사리연구 공부도 '오래오래' 하라고 하고 작업취사 공부도 '오래오래' 하라고 한다. 마음공부 길을 알았아도 마음의 힘을 기르는 데는 오랜 시간이 필요하기 때문이다.

- 철주의 중심이란 쇠기둥의 중심이란 말이다. 어떤 경계에도 중심이 흔들리지 않을 마음의 힘을 기르라는 말씀이다. 석벽의 외면이란 돌벽의 외면이란 말이다. 어떤 경계에도 물들지 않는 단단한 마음의 힘을 기르라는 말씀이다.

- 부귀영화나 무기와 권세로도 영향을 줄 수 없을 마음의 힘을 갖추라는 말씀이다. 엄청난 마음의 자유, 마음이 힘을 갖추지 않고는 힘든 일이다.

- 법과 방편에도 걸리고 막히면 대법이 아니고 무시선이 아니다. 무시선이란 천만 경계에 응해서 마음에 걸리고 막힘이 없어야 한다.

- 삼매를 얻을 수 있는 시간과 장소가 따로 있지 않다. 그래서 백천 삼매라고 하는 것이다.

- 진세塵世, 더러운 티끌세상이 따로 있지 않다. 언제 어디서나 삼매를 즐길 수 있어야 한다. 그런 다음 진세를 바꾸고 싶으면 바꾸면 된다. 낙원세계로!

- 마음 안의 진세, 마음 바깥의 진세를 다 녹여내야 한다. 진세를 피해 다니는 것은 선이 아니다.

- 삼매는 무시선을 잘 하면 찾아오는 마음의 경지이다. 마음공부가 깊어지면 맛보게 된다. 세상 무엇과도 바꾸지 않을 만큼의 맛이다.

- '진대지盡大地가 일진 법계一眞法界로 화' 하는 경지에 이른다는 것은 천만가지 경계가 녹아버리고 사라져서 참답고 새로운 세계에 살게 된다는 말이다.

- 무시선으로 잘 사는 사람이 사는 세상은 다른 세상이다. 이 세상에 살아도 다른 세상을 사는 것이다.

- '시비 선악과 염정 제법染淨諸法이 다 제호醍醐의 일미一味를 이룬다' 는 말은 천만 경계는 녹아버리고 세상에서 가장 맛있는 삶을 살게 된다는 말이다.

- 유와 무, 시와 비, 선과 악, 더러움과 깨끗함, 아름다움과

추함, 동과 정, 우와 열… 이들이 서로 상대하고 있는 것이
'둘'인 세상이다. 이들이 서로 상대하고 있지 않은 세상이
'둘이 아닌' 세상이다. 상대相對 세상, 절대絕對 세상.

- 둘이면서 둘이 아닌 자유자재한 마음이 '불이문不二門'이다. 유와 무, 시와 비, 선과 악, 동과 정, 생과 사를 넘나들 수 있는 마음 문이다.

- '생사 자유와 윤회 해탈과 정토 극락이 다 이 문으로부터 나오나니라.' 이 문은 '마음의 문'이고, '자유로운 마음의 문'이고, '일체유심조一切唯心造'의 문이다. 세상 모든 것이 이 문으로부터 나오고 이 문으로 들어간다.

- '이 문'을 여는 열쇠는 마음의 힘이다. 마음공부, 삼학, 무시선으로 마음의 힘을 얻어야 한다.

[마음편지]

철주의 중심 석벽의 외면

작은 경계에도 마음이 흔들립니다.
보통사람들의 마음이죠.
오래오래 마음공부를 하면
마음이 변합니다.
커지고 튼튼해지죠.
큰 역경에도 끄떡하지 않고
달콤한 욕심 경계에도 담담합니다.
큰 집을 받치는 쇠기둥을 보셨나요?
묵묵히 그 무게를 견뎌내죠.
오히려 무게로 인해 중심이 더 확고하죠.
돌로 쌓은 성벽을 보셨나요?
비바람, 눈보라는
담담한 석벽을 물들이지 못하죠.
마음이 흔들리나요?
중심 잡기 어렵고, 의연하기 힘든가요?
마음공부 해야죠.
오래오래, 늘.
마음은 변합니다.
그래서 희망입니다.

궁극의 기쁨

술에 취하면 기분이 좋지만
언젠가 깨어나야 하죠.
건강도 나빠지고 지혜도 어두워집니다.
쾌락의 후유증이죠.
이런 쾌락과는 비교되지 않는 기쁨이 있죠.
후유증이 없는 기쁨.
깨어날 두려움이 없는 기쁨.
돈이나 권세로는 절대로 얻을 수 없는 기쁨.
잊으려야 잊을 수 없는 기쁨.
버리려야 버릴 수 없는 기쁨.
더 바랄 것도, 구할 것도 없는
궁극의 기쁨.
언제나 함께하고 어디나 따라오는 기쁨.
내 삶 전체를 깨어나게 하는
묘한 기쁨.
마음이 열리면
어김없이 피어나는 기쁨
기쁨을 넘어선 지극한 기쁨.
이름 해서 '삼매' 三昧…아닐까요.

깨알 같은 삼매

물이 갑자기 말합니다.
"나는 당신이 어제 마시던 물이 아닙니다."

밥도 내게 말합니다.
"나도 당신이 늘 먹던 그 밥이 아니거든요?"

돋아나는 새싹들도 말없이 말합니다.
"우리 오늘 다시 만날까요?"라고.

모든 인연들이 속삭입니다.
"어제의 내가 아닌데……."

천만경계들이 소리칩니다.
"천만경계가 아니라 하나 밖에 없는 소중함."이라고.
다시 만나는 기쁨은 깊이 만나는 기쁨과 함께 옵니다.

괜한 분별과 망상만 잠재우면
세상에 하나 밖에 없는 기쁨들이
깨알 같이 쏟아지죠,
셀 수 없이 계속….

좀 다른 기쁨

기차를 타고 여행을 갑니다.
창밖의 풍경이 새롭습니다.
어제와 같으면서도 다른 풍경이고
하나 밖에 없는 새로운 아름다움입니다.
마음속 기쁨이 새로운 풍경을 만나
또 다른 기쁨을 만들어 냅니다.
예전의 기쁨과는 다른 기쁨들이
담장과 경계를 넘어가죠.
그저께는 슬픔의 영역이었고,
어제까지는 갈등의 영토였건만,
거기를 소리 없이 넘어가버립니다.
밥을 먹어도,
길을 걸어도,
누구와 이야기를 해도,
땀 흘려 일을 해도,
나 혼자 가만히 있어도,
좀 다른 기쁨이 함께 합니다.
비바람 같은 것이 방해하지 못하는
아주 깊은 기쁨이 언제나 함께 합니다.
경계를 녹이며 소리 없이 퍼져나갑니다.

[원문]
병든 선

근래에 선을 닦는 무리가 선을 대단히 어렵게 생각하여
처자가 있어도 못할 것이요,
직업을 가져도 못할 것이라 하여,
산중에 들어가 조용히 앉아야만 선을 할 수 있다는 주견을
가진 사람이 많나니,
이것은 제법이 둘 아닌 대법을 모르는 연고라,
만일 앉아야만 선을 하는 것일진대 서는 때는 선을 못 하게
될 것이니,
앉아서만 하고 서서 못하는 선은 병든 선이라 어찌 중생을
건지는 대법이 되리요.

[풀이]

- 천만 경계에 응해서 심신작용을 잘하기 위해서 마음공부, 선을 한다. 선 공부, 마음공부를 할 때와 곳은 천만 경계 속이다.

- 수영 선수는 물속에서 땀을 내야 하고 사냥꾼은 깊은 산 속을 헤매야 한다.

- 부부의 사랑으로 태어나서는 처자 권속을 부정하고 사농공상의 은혜 속에 살아가면서 직업을 부정하고 두 발로 서서 다니는 존재가 앉아서 하는 수행만을 고집한다. 이런 모순된 행태와 고정관념에서 벗어나야 한다.

- 언제 어디서나 선 공부를 할 수 있어야 하고, 해야만 한다. 그래야 언제 어디서나 자유롭고 행복하게 살 수 있다.

- 누구나 할 수 있는 법이 '대법' 大法 인 것이다. 나부터 행해서 마음의 힘을 얻어야 다른 사람들에게 가르쳐줄 수 있다.

[마음편지]

분별分別

분별分別이란 나누고 구별 짓는 것입니다.
사람을 분별해보면,
남자 · 여자,
착한 사람 · 악한 사람,
흑인 · 백인,
가난한 사람 · 부유한 사람,
좌파 · 우파,
무식한 사람 · 유식한 사람,
시골 사람 · 도시 사람,
예쁜 사람 · 추한 사람,
좋아하는 사람 · 싫어하는 사람……
끝없이 나눌 수 있습니다.

분별없이 살 수 없는 것이 삶이지만,
부질없고 그릇된 분별은 내 삶을 가난하게 하죠.
분별할 때마다 1은 1/2이 되고, 1/2은 1/4이 되지요.
내가 점점 좁은 감옥에 갇히게 됩니다.
나누면 좁아집니다.

선禪은 그 분별을 넘어서는 공부입니다.
분별의 경계를 한 번 넘어설 때마다
마음이 넓어지고 삶은 넉넉해집니다.

지금 부질없는 분별을 하고 있지는 않은지
잠시 돌아보시게요.

가장 먼 곳

내 몸은 여기 있는데
마음은 저기로 가버립니다.
여기 소중한 인연이 내게 말하는데
마음은 저기 딴 소리를 듣고 있습니다.

내가 할 일은 여기 있는데
마음은 저기로 가서 노닥거립니다.
좌선한다고 몸은 여기 앉았는데
마음은 일어나 여기저기로 걸어 다닙니다.

소태산 스승님의 말씀이 생각납니다.
"이 일을 할 때에 저 일에 끌리지 말고
저 일을 할 때에 이 일에 끌리지 말아서
오직 그 일 그 일에 일심만 얻도록 할 것"이라는.

세상에서 가장 가까운 곳이 '여기'이지만
세상에서 가장 먼 곳도 바로 '여기' 같아요.

선禪으로 가는 곳이 바로 '여기'이고
여기는 그냥 은혜 가득한 자리입니다.

나를 끌고 가는 것

어딘가로 갈 때, 잠시 멈춰서,
내가 왜 가고 있는지 돌아봅니다.
몸이 갈 때도 그렇고,
마음이 갈 때도 마찬가지입니다.

본능, 욕심, 분노, 체면…
'무언가' 나를 끌어당기는 것이 있죠.

내 마음을 깊이 보지 못하면,
내가 내 길을 가는 것이 아니라,
무언가에 끌려가게 되더군요.

잠시 방심하면,
호랑이에게 물려가면서 호랑이를 못 보고,
감옥에 갇히면서 감옥을 못 볼 수 있습니다.
끌려가지 말자!
다짐하는 아침입니다.

[원문]

참 선

뿐만 아니라, 성품의 자체가 한갓 공적에만 그친 것이 아니니,
만일 무정물과 같은 선을 닦을진대 이것은 성품을 단련하는
선공부가 아니요
무용한 병신을 만드는 일이니라.
그러므로, 시끄러운 데 처해도 마음이 요란하지 아니하고
욕심 경계를 대하여도 마음이 동하지 아니하여야
이것이 참 선이요 참 정이니,

[풀이]

- 성품이 공적하기만 하다는 큰 착각을 소태산은 무참히 깨고 있다. 성품은 비어만 있지도 않고 적적한 것 만도 아니다. 색즉시공色卽是空 공즉시색空卽是色, 적적성성寂寂惺惺 성성적적惺惺寂寂이란 말이 있는 까닭이다.

- 착각과 그릇된 고정관념에 빠지면 무정물과 같은 선을 닦게 된다. 점점 쓸모없는 정신의 불구자가 된다.

- 선은 바윗덩어리 같고 시체 같은 고요함을 구하는 게 아니다. 천만 경계에 치연하게 심신작용하면서도 마음이 동하지 않아야 한다. 휴휴암 좌선문에서는 '치연작용熾然作用 정체여여正體如如'라고 표현했다. 그래야 진짜 선이고, 진짜 정靜인 것이다.

- 소태산은 『정전』 '일상수행요법'日常修行-要法 에서 다음과 같이 설하고 있다. 심지心地는 원래 요란함이 없건마는 경계를 따라 있어지나니, 요란함을 없게 하는 것으로써 자성自性의 정定을 세우자. 심지는 원래 어리석음이 없건마는 경계를 따라 있어지나니, 그 어리석음을 없게 하는 것으로써 자성의 혜慧를 세우자. 심지는 원래 그름이 없건마는 경계를 따라 있어지나니, 그 그름을 없게 하는 것으로써 자성의 계戒를 세우자.

- 마음을 깨달아 마음의 힘을 얻으면 요란한 가운데서도 고요할 수 있다. 마음을 깨달아 마음의 힘을 얻으면 어리석은 경계에서도 지혜로울 수 있다. 마음을 깨달아 마음의 힘을 얻으면 불의의 한 가운데서도 정의로울 수 있다.

- 원래부터 내 마음에 있는 평화로움, 슬기로움, 정의로움이 늘 빛나고 있다. 비가 오나 눈이 오나 바람이 부나 천둥이 치나 그냥 그 빛이 여여히 빛난다.

[마음편지]

동물

사람은 동물이죠.
움직이는 존재입니다.
몸도 마음도 늘 움직입니다.

바위는 정물이죠, 움직이지 않는 존재입니다.
몸도 마음도 늘 가만히 있습니다.

마음이 요란하다고 해서,
마음이 괴롭다고 해서,
바위처럼 되기를 바랄 수는 없습니다.

몸과 마음을 움직이면서도
고통과 잘못으로부터 벗어나기 위해
선을 배우고, 마음공부를 하는 이유입니다.

인간이 가장 지혜로운 동물이니
동하면서도 정하는 지혜도 가지고 있습니다.
바위가 사람의 마음을 가질 수는 없지만
사람이 바위의 마음을 가질 수는 있습니다.

마음만 잘 쓰면

살다보면
천 가지 만 가지 경계를 만나게 되죠.
역경逆境, 난경難境, 순경順境, 공경空境…
한 경계, 한 경계를 넘어서기가 쉽지 않습니다.

하지만
마음만 잘 쓰면 경계가 은혜로 변하죠.
경계는 은혜의 다른 이름임을 깨닫게 됩니다.

그래서
천만경계는 천만은혜이고, 천만다행입니다.
마음공부 덕분이죠.

분명한 것은 한 경계를 만날 때마다
내 마음만 잘 쓰면 된다는 것.

오늘도
천만경계를 지나서 천만은혜 만나러 가시죠.

감전, 충전

좌선은
꼭 충전 같아요.

단전은
충전 단자 같아요.
에너지가 흘러들어오는.

선은 또
감전 같아요.
찌르르 통하면
말도 못해요.

무시선은 또
무선충전과 같아요.
아무데서나 아무 때나
감전되고 충전되는 것 같아요.

비우면
누군가
끝없이 채워주는 것 같아요.

즉답이 아니라

오늘도 답을 합니다.
이런 문제 저런 경계에.
찾기 어려운 답도 있고
쉬운 답도 있죠.

답을 못 찾아도 문제지만
답이 너무 많아도 문제죠.
즉답은 위태롭고
이미 갖고 있는 답은 정말 위험하죠.

"단전으로 들어라, 단전으로 말해라."
스승님 말씀이 생각납니다.
설익은 즉답이 아니라
뜸 잘든 온전한 답을 해야죠.

문제가 어려울수록
답하기 전에 뜸을 들여야겠습니다.
1분이라도.

[원문]
무시선의 강령

다시 이 무시선의 강령을 들어 말하면 아래와 같나니라.

[육근六根이 무사無事하면 잡념을 제거하고 일심을 양성하며, 육근이 유사하면 불의를 제거하고 정의를 양성하라.]

[풀이]

- 일이 없을 때는 깊은 고요함에 머문다. 일이 있을 때는 정의롭게 행동한다. 일이 없으면 고요히 '일원의 체성'에 합한다. 일을 할 때는 바르게 행동해서 '일원의 위력'을 얻는다.

- 본래 마음은 '원만구족 지공무사'하다. 정할 때는 주로 '원만구족'하게 마음을 챙기고 동할 때는 주로 '지공무사' 하게 마음을 사용한다.

- 일이 없으면 조용히 정신수양과 사리연구 위주로 삼대력을 기르고, 일이 있으면 작업취사 중심으로 삼대력를 발휘하면 된다.

- 셋으로 말하면, '응용하는데 온전한 생각으로 취사하기'를 주의하는 공부다. 둘로 말하면, '일심'과 '정의'이다. 하나로 말하면, 'O'(일원상)이다.

- 일이 있으면 있는 대로 없으면 없는 대로 동하거나 정하거나 마음을 잘 챙기면 된다. 동정간에 마음 챙기는 법, 마음 사용하는 법이 무시선법이다.

- 이렇게 살아가면 삶은 점차 자유로워진다. 이렇게 자유로운 마음으로 살면 삶은 행복해진다.

- 온전한 마음으로 일심이 되어야 삶도 정의롭다. 정의로운 삶을 살지 않으면 온전한 마음을 가질 수 없다.

- 일심과 정의는 둘이 아니다. 일심이 발하면 정의가 된다. 일심과 정의를 잘 챙기면 '광대무량한 낙원'과 '참 문명 세계'가 열린다.

[마음편지]

행복한 삶

일이 있어도 마음이 편하고
일이 없어도 마음이 편해야 합니다.
그래야 행복합니다.
마음이 요란해지면
마음이 어리석어지고
마음이 글러집니다.
그러면 일의 결과도 나쁘고
삶은 고통스럽고 불행해집니다.
마음이 요란하지 않으면
마음이 어리석지 않게 되고
마음이 그르지 않게 됩니다.
그러면 일의 결과도 좋고
삶은 즐거워지고 행복해집니다.
일이 없을 때는 잡념을 비워서
마음을 고요하고 편안하게 합니다.
일이 있을 때는 불의를 제거해서
정의롭게 실행합니다.
늘 온전한 생각으로 취사하며 살면 됩니다.
행복은 아주 가까이 있습니다.

일심과 정의

보이지 않는 마음은
행동으로 나타납니다.
일심이란 뿌리가
정의라는 열매를 맺습니다.

요란함과 어리석음과 그름이 없는 한 마음은
정의로운 행동으로 나타납니다.
마음이 맑으면 주변도 청정해집니다.
주변이 청정하면 마음도 맑아집니다.

삶이 정의롭지 않으면 일심도 불가능합니다.
온전한 마음이 아닙니다.

마음을 잘 챙겨
일심으로 정의로운 삶을 살면
거기가 '광대무량한 낙원' 입니다.

그렇게 살려고 정신 차리는 것이
'정신개벽' 일 것입니다.

한 마음이

텅 비어 둥그런 마음.
진공묘유의 한 마음.
공적영지의 한 마음.
원만구족 지공무사의 한 마음.
이 마음들이 다 한 가지 마음입니다.

누구에게나 있고
우주에 가득찬 마음입니다.
부처님에게도 있고
내게도 있습니다.

이 한 마음이
밖으로 나타나면 '정의'이고,
이 한 마음이
안에 있으면 '일심' 입니다.

정의롭지 않은 사람의 내면엔
일심이 자리하지 않습니다.

일심을 발하지 않는 사람의 삶은
정의롭지 않습니다.

일심을 챙기면 정의로워지고
정의를 챙기면 일심으로 평안합니다.

엎어치나 메치나 한 가지고
안팎이 없어지고 자타가 사라집니다.

한 마음만 밝고 밝습니다.

그 때

사랑이 미움으로 변하고
미움이 사랑으로 변합니다.
희망이 절망으로 변하고
절망이 희망으로 변합니다.

감사가 원망으로 변하고
원망이 감사로 변하기도 합니다.

변하는 그 때!
그 때가 내 인생이 바뀌는 순간이죠.
미묘한 마음을 깊이 보고 있어야
그 때를 놓치지 않습니다.
그 때를 놓치지 않아야
마음을 다스릴 수 있죠.
그래야 내 삶을 살 수 있는 거죠.

벚꽃은 바람에 흩날리고
내 마음은 경계 따라 피고 집니다.

극락과 낙원

기쁨도 넘어서니
극락입니다.

일심이면
극락입니다.

물질이 개벽되니
정신을 개벽해야
낙원세상입니다.

정의롭게 살아야
낙원이 건설됩니다.

일이 없으면
일심에 머뭅니다.
거기가 극락입니다.

일이 있으면
정의롭게 실천합니다.
거기가 낙원입니다.

# 03

무시선법의 짜임새

1. 선의 정의와 목적

대범, 선^{禪}이라 함은 원래에 분별 주착이 없는 각자의 성품을 오득하여 마음의 자유를 얻게 하는 공부인 바, 예로부터 큰 도에 뜻을 둔 사람으로서 선을 닦지 아니한 일이 없나니라.

소태산은 선을 '원래에 분별 주착이 없는 각자의 성품을 오득하여 마음의 자유를 얻게 하는 공부'라고 매우 간명하고 명확하게 정의하고 있다. 선 공부의 목적은 '마음의 자유'를 얻는 것이라고 설한다.

그리고 '예로부터 큰 도에 뜻을 둔 사람으로서 선을 닦지 아니한 일이 없나니라.'고 하여 큰 도를 이루려는 수행자들에게 선 수행에 대한 발심을 촉구하고 있다.

2. 선의 방법

사람이 만일 참다운 선을 닦고자 할진대 먼저 마땅히 진공^{眞空}으로 체를 삼고 묘유^{妙有}로 용을 삼아 밖으로 천만 경계를 대하되 부동함은 태산과 같이 하고, 안으로 마음을 지키되 청정함은 허공과 같이 하여 동하여도 동하는 바가 없고 정하여도 정하는 바가 없이 그 마음을 작용하라.

선의 요법은 진공묘유로 마음을 작용하라는 것이다. 안으로는 마음을 청정히 하고 밖으로는 천만경계에 흔들리지 말라는 것이다. 동정간에 한결같아야 한다는 말씀이다.

3. 선의 결과

이같이 한즉,
모든 분별이 항상 정을 여의지 아니하여 육근을 작용하는 바가 다 공적 영지의 자성에 부합이 될 것이니,

선을 잘하면 어떻게 된다는 것인가. 본문을 나눠서 보자면, 첫째, '모든 분별이 항상 정을 여의지 아니'하게 된다. '불리자성' 不離自性이라고도 하고, '정에 바탕하여 동한다'고도 한다.

둘째, '육근을 작용하는 바가 다 공적 영지의 자성에 부합이 될 것'이라고 설한다. 여기서 알 수 있는 것은 우리의 자성, 성품이 '공적 영지' 즉, 공적하고 신령스럽게 지혜롭다는 사실이다. 이것을 확인하는 것이 깨달음이고 견성이다. '견성' 見性 즉, 자신의 '성품' 性品을 '발견' 發見하는 것이다.

셋째, 언제 어디서나 그런 경지에 도달할 수 있다는 것이다. '육근을 작용하는 바가 다 공적 영지의 자성에 부합'이 된다고 했으니 사람이 생활하는 모든 장소와 시간에 안이비설신의 심신작용을 할 때 늘 그렇게 될 수 있다는 것이다. 선의 궁극적 목적이고 결과인 셈이다.

4. 선의 개요

이것이 이른바 대승선大乘禪이요 삼학을 병진하는 공부법이니라.

무시선법을 불교적으로는 '대승선'이라고 했다. 시간과 장소에 구애되고 직업의 종류나 출가와 재가 등의 신분에 구애되는 선법이 소승이라면 이런 제한과 경계를 넘어서 누구나 언제 어디서나 할 수 있기 때문에 대승선이라고 본 것이다. '승'乘이란 '타다', '탈것'을 의미한다. 소승이 작은 배라면 대승은 큰 배를 의미한다. 고통스러운 이곳에서 고통의 강을 건너 저쪽 언덕으로 갈 때 타는 배의 크기를 의미한다. 소태산은 무시선법이야말로 대승의 수행법이라고 보았다.

무시선법을 원불교적 관점에서는 '삼학을 병진하는 공부법'으로 보았다. 즉, 삼학병진의 공부법이 곧 무시선법이라고 본 것이다. 불교의 계·정·혜도 삼학이라고 하지만 이 개념보다 크게 확장시킨 소태산의 삼학 즉, 정신수양·사리연구·작업취사 마음공부를 함께 하는 것이 바로 무시선법이라고 본 것이다. 교리적으로는 특정 장소에서 기한을 특정해서 정진하는 정기훈련시에 하는 수행이라기보다는 일상생활 속에서 수행하는 상시훈련의 핵심 공부로 무시선법을 보았고, 주로 일이 있을 때, 동시動時에 삼학을 수행하는 법이 곧 무시선법이라고 본 것이다. 물론 무시선법은 이미 말한 대로 시간과 장소를 나누지 않고 늘 해야 하는 공부이기 때문에 정기훈련 시에도 마찬가지로 해야만 하는 것이지만 정기와 상시를 구분하고 일 있을 때와 일 없을 때를 나눠볼 때 그렇다는 말이다.

즉, 소태산에게 '삼학병진의 공부법'이 바로 '대승선'인 것이다.

5. 선의 법맥

그러므로, 경經에 이르시되 [응하여도 주한 바 없이 그 마음을 내라] 하시었나니, 이는 곧 천만 경계 중에서 동하지 않는 행을 닦는 대법이라,

소태산은 무시선의 핵심 내용과 방법을 이미 설했으나 다시 불교의 대표적 대승경전인 '금강경'의 핵심 내용인 '응하여도 주한 바 없이 그 마음을 내라' 응무소주이생기심應無所住而生其心 구절을 인용하여 불법과 석가모니불에게 법맥을 대고 있다. 소태산이 '이는 곧 천만 경계 중에서 동하지 않는 행을 닦는 대법'이라고 설한 내용이 금강경에서 비롯된 것임을 알 수 있다. 다음과 같은 법문들을 참고하면 이 대목을 이해하는 데 도움이 된다.

대종사 말씀하시기를 [불법은 천하의 큰 도라 참된 성품의 원리를 밝히고 생사의 큰 일을 해결하며 인과의 이치를 드러내고 수행의 길을 갖추어서 능히 모든 교법에 뛰어난 바 있나니라.]

_ 소태산, 『대종경』 서품3장.

이 법문의 '불법은 천하의 큰 도'라는 표현이 무시선법에서는 간단히 '대법'이라고 표현되고 있다. 그리고 다음 법문을 보면 소태산과 금강경의 인연을 추측해볼 수 있다.

대종사 대각을 이루신 후 모든 종교의 경전을 두루 열람하시다가 금강경金剛經을 보시고 말씀하시기를 [서가모니불釋迦牟尼佛은 진실로 성인들 중의 성인이라] 하시고, 또 말씀하시기를 [내가 스승의 지도 없이 도를 얻었으나 발심한 동기로부터 도 얻은 경로를 돌아본다면 과거 부처님의 행적과 말씀에 부합되는 바 많으므로 나의 연원淵源을 부처님에게 정하노라] 하시고, [장차 회상會上을 열 때에도 불법으로 주체를 삼아 완전 무결한 큰 회상을 이 세상에 건설하리라.] 하시니라.

_ 소태산, 『대종경』 서품2장.

6. 선의 활용

이 법이 심히 어려운 것 같으나 닦는 법만 자상히 알고 보면 괭이를 든 농부도 선을 할 수 있고, 마치를 든 공장工匠도 선을 할 수 있으며, 주판을 든 점원도 선을 할 수 있고, 정사를 잡은 관리도 선을 할 수 있으며, 내왕하면서도 선을 할 수 있고, 집에서도 선을 할 수 있나니 어찌 구차히 처소를 택하며 동정을 말하리요.

선의 시간·공간의 초월성과 거기서 비롯된 활용성을 설하고 있다. 본래 선이란 시간과 공간에 구애 받지 않아야 하고, 그렇기 때문에 언제 어디서나 활용되어야 한다는 것이다. 소태산이 그냥 '선'이라고 하지 않고 '무시선'이라고 명명한 이유를 짐작하게 하는 대목이다. 그리고 공장, 점원, 관리 등을 열거하며 시간과 장소, 환경과 경계에 구애되지 않는 선 공부여야 한다고 자세하게 설하고 있다.

'처소'와 '동정'이란 시간과 공간을 말함이니, 소태산이 친히 쓴 대표 경전인 『정전』 앞부분에 쓰여진 '무시선 무처선' 無時禪 無處禪 이라는 교리 표어가 여기서 비롯되었다고 할 수 있다. 소태산 선사상의 핵심을 드러내는 열쇠말이다.

7. 선 공부의 단계와 방법

사람마다 공부의 수준이 제 각각이다. 그 수준에 맞는 선 공부를 해야 한다. 소태산은 '목우십도송'의 소 길들이는 이야기를 빌려와서 쉽게 설명하고 있다.

이미 소태산은 『정전』 '법위등급'에서 수행자의 공부 정도를 단계별로 나누어 공부길을 밟도록 했다. 무시선법의 내용과 법위등급의 내용을 대비해보는 것도 도움이 될 것이다. 자세한 대비는 생략한다.

1단계-입문
그러나, 처음으로 선을 닦는 사람은 마음이 마음대로 잘 되지 아니하여

마치 저 소 길들이기와 흡사하나니 잠깐이라도 마음의 고삐를 놓고 보면 곧 도심을 상하게 되나니라.

처음에 마음공부, 선 수행에 뜻을 세우고 마음을 내어 공부를 시작하지만 마음대로 되지 않는 단계이다. 마음을 꽉 붙잡고 있지 않으면 실수를 하게 되고 도에 어긋나게 되는 단계이다. 계문을 지키는 공부와 유념 공부 등으로 마음을 다잡는 공부가 필요한 단계이다. 집심執心 공부를 주로 해야 할 단계이다.

2단계-초급
그러므로, 아무리 욕심나는 경계를 대할지라도
끝까지 싸우는 정신을 놓지 아니하고 힘써 행한즉 마음이 차차 조숙調熟되어 마음을 마음대로 하는 지경에 이르나니,
경계를 대할 때마다 공부할 때가 돌아온 것을 염두에 잊지 말고
항상 끌리고 안 끌리는 대중만 잡아갈지니라.

경계의 종류가 많지만 여기선 욕심 경계만을 대표적으로 언급했다. '싸우는 정신'을 놓지 않는 분발심을 내는 단계로서 대체로 '특신급'에 해당한다고 볼 수 있다. 마음공부를 하고 선 공부를 하지만 견성을 제대로 하거나 깊은 원리를 깨닫지는 못하고 굳은 의지로 열심히 하는 정도의 단계이다.
　여기서 나아가 '마음이 차차 조숙調熟되어 마음을 마음대로 하는 지경에 이르'는 정도가 되면 어느 정도 법마상전을 잘해

서 상당한 정도로 마음의 자유를 얻는 정도에 이르게 된다.

'경계를 대할 때마다 공부할 때가 돌아온 것을 염두에 잊지 않을 정도'가 되려면 진정한 법마상전급에 이르러야 한다. 호랑이에게 잡혀가도 정신을 잃지 않는 수준이다. 모든 심신작용을 세밀하게 분석해서 옳고 그름, 법과 마를 구분할 줄 아는 단계이다.

법과 마를 일일이 분석하고 우리의 경전 해석에 과히 착오가 없으며, 천만 경계 중에서 사심을 제거하는 데 재미를 붙이고 무관사無關事에 동하지 않으며, 법마상전의 뜻을 알아 법마상전을 하되 인생의 요도와 공부의 요도에 대기사大忌事는 아니하고, 세밀한 일이라도 반수 이상 법의 승勝을 얻는 사람의 급

_ 소태산, 『정전』 법위등급.

'항상 끌리고 안 끌리는 대중만 잡아갈지니라.' 이 내용에서 '대중'이라 함은 상시일기법의 유념의 기준 즉, '취사하는 주의심'과 같다고 할 수 있다.

유념·무념은 모든 일을 당하여 유념으로 처리한 것과 무념으로 처리한 번수를 조사 기재하되, 하자는 조목과 말자는 조목에 취사하는 주의심을 가지고 한 것은 유념이라 하고, 취사하는 주의심이 없이 한 것은 무념이라 하나니, 처음에는 일이 잘 되었든지 못 되었든지 취사하는 주의심을 놓고 안 놓은 것으로 번수를 계산하나, 공부가 깊어가면 일이 잘되고 못된 것으로 번수를

계산하는 것이요, _ 소태산, 『정전』 상시 일기법

'항상 끌리고 안 끌리는 대중만 잡아가'는 단계를 단순히 경계를 대해서 마음이 동했는지 동하지 않았는지 만을 가늠하는 것이라고 볼 수 있지만, 소태산이 무시선법을 삼학병진의 대승선으로 설명한 관점에 따르자면 여기서의 '대중'을 상시응용주의사항 1조 '응용하는데 온전한 생각으로 취사하기를 주의할 것이요'라는 동시(動時) 삼학(三學)의 주의심을 염두에 두고 마음의 움직임을 지켜보라는 뜻으로 해석할 수 있다.

3단계-중급
그리하여, 마음을 마음대로 하는 건수가 차차 늘어가는 거동이 있은즉 시시로 평소에 심히 좋아하고 싫어하는 경계에 놓아 맡겨 보되 만일 마음이 여전히 동하면 이는 도심이 미숙한 것이요,
동하지 아니하면 이는 도심이 익어가는 증거인 줄로 알라.

마음공부, 선공부가 진전이 되고 있는 것을 표현하고 있다. '마음을 마음대로 하는 건수'가 공부 평가의 기준이 되고 있다. 선의 목적을 '마음의 자유'로 설정한 소태산의 기준에 꼭 맞는 표현이다.

　경계에 대한 표현이 처음에는 '욕심나는 경계'에서 한 걸음 더 나아가 '심히 좋아하고 싫어하는 경계'로 표현되고 있다. 이 정도면 '주착심'이라고 할 수 있다. 애착심, 탐착심, 원착심 같은 것들이다. 분별심은 주착심으로 이어져서 경계를 낳는데 처음에는 단순한 좋고 싫음의 경계가 점차 옳고 그름, 정의와 불의의 경계로까지 나아가게 됨을 주의해야 한다. 단순한 욕심 경계에 응해서도 '온전한 생각으로 취사하는' 주의심을 챙길 수 있어야 무시선의 강령에서 결론지은 마음공부의 궁극의 목적인 '정의' 실행에 이를 수 있는 마음의 힘을 기를 수 있음을 명심해야 한다.

4단계-고급
그러나, 마음이 동하지 아니한다 하여 즉시에 방심은 하지 말라. 이는 심력을 써서 동하지 아니한 것이요, 자연히 동하지 않은 것이 아니니, 놓아도 동하지 아니하여야 길이 잘 든 것이니라.

'심력을 써서 동하지 아니' 하는 단계는 아직 싸움이 끝난 것이 아니다. 마음 고삐는 헐겁게 잡았지만 고삐가 아주 사라진 단계는 아니다. '놓아도 동하지 아니' 하는 단계까지 가야 한다. 그래야 법위등급의 법마상전급法魔相戰級에서 법이 완전히 힘을 얻은 단계라고 할 수 있다. 그래야 법강항마위法强降魔位에 오를 수 있다.

5단계-최고급
사람이 만일 오래오래 선을 계속하여 모든 번뇌를 끊고 마음의 자유를 얻은즉,

철주의 중심이 되고 석벽의 외면이 되어
부귀 영화도 능히 그 마음을 달래어 가지 못하고
무기와 권세로도 능히 그 마음을 굽히지 못하며, 일체 법을 행하되
걸리고 막히는 바가 없고, 진세塵世에 처하되 항상 백천 삼매를 얻을지라,
이 지경에 이른즉 진대지盡大地가 일진 법계一眞法界로 화하여 시비선악과 염정제법染淨諸法이 다 제호醍醐의 일미一味를 이루리니 이것이 이른바 불이문不二門이라 생사 자유와 윤회 해탈과 정토 극락이 다 이 문으로부터 나오나니라.

드디어 마음과 마음의 싸움이 끝나고, 마음을 마음대로 하는 대자유의 경지에 이르게 된다. 무시선법 첫머리에 '마음의 자유를 얻는 공부'가 구경처에 이른 것이다.

천만 경계를 천만 은혜로 바꾸고, 천만 경계를 천만 삼매로 바꾼다. 쓸데없는 분별이 사라지니 주착할 곳도 없어지고 천만 경계도 녹아버린다. 자타 미오 선악 미추의 분별이 사라지니 모든 경계도 사라져서 한 덩어리 은혜가 되고 일체가 삼매가 된다. 더 이상 구할 것이 없다. 나도 변하고 세상도 달라졌다. 따로 극락과 천국을 구할 것이 없다. 지금 여기서 정토 극락을 누리며 광대무량한 낙원을 건설하면서 살게 된다.

8. 선 혁신의 필요성

근래에 선을 닦는 무리가 선을 대단히 어렵게 생각하여 처자가 있어도 못할 것이요, 직업을 가져도 못할 것이라 하여, 산중에 들어가 조용히 앉아야만 선을 할 수 있다는 주견을 가진 사람이 많나니, 이것은 제법이 둘 아닌 대법을 모르는 연고라, 만일 앉아야만 선을 하는 것일진대 서는 때는 선을 못 하게 될 것이니, 앉아서만 하고 서서 못하는 선은 병든 선이라 어찌 중생을 건지는 대법이 되리요.

소태산은 다시 부연하고 있다. 마음의 자유를 얻으려면 반드시 해야 하는 선 공부를 이래서 못하고 저래서 못한다는 좁은 소견에 안타까워하고 있다. 그리고 그런 그릇된 고정관념에 대해서 분노하고 있다. '병든 선'이라고 일갈하고 뒷 문장에서는 '무용한 병신'이란 과격한 표현까지 쓰고 있음을 보면 기존의 선 수행 풍토와 관행에 대한 소태산의 격한 혁신 의지를 알 수 있다.

9. 참 선

뿐만 아니라, 성품의 자체가 한갓 공적에만 그친 것이 아니니, 만일 무정물과 같은 선을 닦을진대 이것은 성품을 단련하는 선공부가 아니요 무용한 병신을 만드는 일이니라. 그러므로, 시끄러운 데 처해도 마음이 요란하지 아니하고 욕심 경계를 대하여도 마음이 동하지 아니하여야 이것이 참 선이요 참 정이니,

견성을 제대로 해야 성품의 속성을 깨닫게 되는데 성품을 그릇되게 알아서 마치 무정물과 같은 공적한 것으로 알고 그렇게 수행하는 태도를 거세게 비판하고 있다.

'시끄러운 데 처해도 마음이 요란하지 아니하고 욕심 경계를 대하여도 마음이 동하지 아니하여야 이것이 참 선이요 참 정'이라는 내용은 일상수행의 요법日常修行-要法 '1조. 심지心地는 원래 요란함이 없건마는 경계를 따라 있어지나니, 그 요란함을 없게 하는 것으로써 자성自性의 정定을 세우자. 2조. 심지는 원래 어리석음이 없건마는 경계를 따라 있어지나니, 그 어리석음을 없게 하는 것으로써 자성의 혜慧를 세우자. 3조. 심지는 원래 그름이 없건마는 경계를 따라 있어지나니, 그 그름을 없게 하는 것으로써 자성의 계戒를 세우자.' 라는 내용과 같다고 할 수 있다. 이는 또한 상시훈련법 상시응용주의사항1조 '응용하는 데 온전한 생각으로 취사하기를 주의할 것이요' 의 내용과 일맥상통한다.

10. 생활 실천 강령

다시 이 무시선의 강령을 들어 말하면 아래와 같나니라.
[육근六根이 무사無事하면 잡념을 제거하고 일심을 양성하며,
육근이 유사하면 불의를 제거하고 정의를 양성하라.]

삼학병진의 대승선인 무시선법의 핵심을 말하고 있다. 일이 없을 때와 일이 있을 때를 나눠서 설명하고 있다. 무사無事할 때는 마음에 잡념만 제거하면 된다. 유사有事할 때는 불의를 제거하면 된다. 일이 없는데도 일심이 되지 않아 요란하면 아직 무시선의 기본에 미치지 못한 것이고, 수행을 오래도록 하고도 그 삶이 정의롭지 않다면 그 선 수행이야말로 병든 선이다. 일 없을 때는 일심에 머물다가 일을 당해서는 정의를 행하면 된다.

이 강령에는 소태산이 의도하는 마음공부와 선공부의 핵심이 잘 드러나 있다. 왜 그토록 시간과 장소에 구애 받아서는 안 된다고 강조했는지 그 이유를 알 수 있다. 삶 전반을 아우르는 선공부여야 하기 때문이고, 이렇게 하면 가능하기 때문이다. 무시선의 강령이야말로 누구나, 언제, 어디서나 할 수 있는 대승선의 극치를 설파하고 있다. 거듭 말하지만 무시선은 특별한 사람이 하는 특별한 수행이 아니다. 그래서도 안 된다. 무시선은 평범한 보통 생활인들이 생활 속에서, 일상적으로, 상시로, 무시로, 늘 하는 마음공부이다. '무시선'은 '생활선', '일상선', '늘선'인 것이다.

무시선의 강령을 실천하면 정신개벽에 이를 수 있을 뿐만 아니라 물질문명과 정신문명이 조화된 새로운 참 문명 건설이 가능해진다. 일심과 정의를 지켜내지 못하는 개인이나 공동체가 할 수 있는 일이 무엇일까를 생각하면 무시선의 필요성을 새롭게 인식하게 된다. '육근六根이 무사無事하면 잡념을 제거하고 일심을 양성하며, 육근이 유사하면 불의를 제거하고 정의를 양성'하려고 부단히 노력하는 사람이 더 많아져야 한다. 그래야 인류의 앞날도 밝다. 무시선의 강령을 우리 모두의 생활 실천 강령으로 삼자.

4

관련 법문

개교표어

물질이 개벽되니 정신을 개벽하자.　　　　　　_ 소태산, 『정전』.

교리표어

처처불상處處佛像 사사불공事事佛供
무시선無時禪 무처선無處禪
동정일여動靜一如 영육쌍전靈肉雙全
불법시생활佛法是生活 생활시불법生活是佛法　　　_ 소태산, 『정전』.

개교의 동기 開敎-動機

현하 과학의 문명이 발달됨에 따라 물질을 사용하여야 할 사람의 정신은 점점 쇠약하고, 사람이 사용하여야 할 물질의 세력은 날로 융성하여, 쇠약한 그 정신을 항복 받아 물질의 지배를 받게 하므로, 모든 사람이 도리어 저 물질의 노예 생활을 면하지 못하게 되었으니, 그 생활에 어찌 파란 고해波瀾苦海가 없으리요.

　그러므로, 진리적 종교의 신앙과 사실적 도덕의 훈련으로써 정신의 세력을 확장하고, 물질의 세력을 항복 받아, 파란 고해의 일체 생령을 광대무량한 낙원樂園으로 인도하려 함이 그 동기니라.　　　　　　　　　　_ 소태산, 『정전』 개교의 동기.

좌선법坐禪法

1. 좌선의 요지坐禪-要旨

대범, 좌선이라 함은 마음에 있어 망념을 쉬고 진성을 나타내는 공부이며, 몸에 있어 화기를 내리게 하고 수기를 오르게 하는 방법이니, 망념이 쉰즉 수기가 오르고 수기가 오른즉 망념이 쉬어서 몸과 마음이 한결 같으며 정신과 기운이 상쾌하리라. 그러나, 만일 망념이 쉬지 아니한즉 불 기운이 항상 위로 올라서 온 몸의 수기를 태우고 정신의 광명을 덮을지니, 사람의 몸 운전하는 것이 마치 저 기계와 같아서 수화의 기운이 아니고는 도저히 한 손가락도 움직이지 못할 것인 바, 사람의 육근 기관이 모두 머리에 있으므로 볼 때나 들을 때나 생각할 때에 그 육근을 운전해 쓰면 온 몸의 화기가 자연히 머리로 집중되어 온 몸의 수기를 조리고 태우는 것이 마치 저 등불을 켜면 기름이 닳는 것과 같나니라.

그러므로, 우리가 노심 초사를 하여 무엇을 오래 생각한다든지, 또는 안력을 써서 무엇을 세밀히 본다든지, 또는 소리를 높여 무슨 말을 힘써 한다든지 하면 반드시 얼굴이 붉어지고 입 속에 침이 마르나니 이것이 곧 화기가 위로 오르는 현상이라, 부득이 당연한 일에 육근의 기관을 운용하는 것도 오히려 존절히 하려든, 하물며 쓸데 없는 망념을 끄리어 두뇌의 등불을 주야로 계속하리요.

그러므로, 좌선은 이 모든 망념을 제거하고 진여眞如의 본성을 나타내며, 일체의 화기를 내리게 하고 청정한 수기를 불어내기 위한 공부니라.

2. 좌선의 방법

좌선의 방법은 극히 간단하고 편이하여 아무라도 행할 수 있나니,

  1) 좌복을 펴고 반좌(盤坐)로 편안히 앉은 후에 머리와 허리를 곧게 하여 앉은 자세를 바르게 하라.

  2) 전신의 힘을 단전에 툭 부리어 일념의 주착도 없이

  다만 단전에 기운 주해 있는 것만 대중 잡되,

  방심이 되면 그 기운이 풀어지나니 곧 다시 챙겨서 기운 주하기를 잊지 말라.

  3) 호흡을 고르게 하되 들이쉬는 숨은 조금 길고 강하게 하며, 내쉬는 숨은 조금 짧고 약하게 하라.

  4) 눈은 항상 뜨는 것이 수마(睡魔)를 제거하는 데 필요하나 정신 기운이 상쾌하여 눈을 감아도 수마의 침노를 받을 염려가 없는 때에는 혹 감고도 하여 보라.

  5) 입은 항상 다물지며

  공부를 오래하여 수승 화강(水昇火降)이 잘 되면 맑고 윤활한 침이 혀 줄기와 이 사이로부터 계속하여 나올지니, 그 침을 입에 가득히 모아 가끔 삼켜 내리라.

  6) 정신은 항상 적적(寂寂)한 가운데 성성(惺惺)함을 가지고 성성한 가운데 적적함을 가질지니, 만일 혼침에 기울어지거든 새로운 정신을 차리고 망상에 흐르거든 정념으로 돌이켜서 무위 자연

의 본래 면목 자리에 그쳐 있으라.

7) 처음으로 좌선을 하는 사람은 흔히 다리가 아프고 망상이 침노하는 데에 괴로와하나니, 다리가 아프면 잠깐 바꾸어 놓는 것도 좋으며, 망념이 침노하면 다만 망념인 줄만 알아두면 망념이 스스로 없어지나니 절대로 그것을 성가시게 여기지 말며 낙망하지 말라.

8) 처음으로 좌선을 하면 얼굴과 몸이 개미 기어다니는 것과 같이 가려워지는 수가 혹 있나니, 이것은 혈맥이 관통되는 증거라 삼가 긁고 만지지 말라.

9) 좌선을 하는 가운데 절대로 이상한 기틀과 신기한 자취를 구하지 말며, 혹 그러한 경계가 나타난다 할지라도 그것을 다 요망한 일로 생각하여 조금도 마음에 걸지 말고 심상히 간과하라.

이상과 같이, 오래오래 계속하면 필경 물아物我의 구분을 잊고 시간과 처소를 잊고 오직 원적 무별한 진경에 그쳐서 다시 없는 심락을 누리게 되리라.

3. 좌선의 공덕

좌선을 오래 하여 그 힘을 얻고 보면 아래와 같은 열 가지 이익이 있나니,

1) 경거 망동하는 일이 차차 없어지는 것이요,
2) 육근 동작에 순서를 얻는 것이요,
3) 병고가 감소되고 얼굴이 윤활하여지는 것이요,
4) 기억력이 좋아지는 것이요,

5) 인내력이 생겨나는 것이요,

6) 착심이 없어지는 것이요,

7) 사심이 정심으로 변하는 것이요,

8) 자성의 혜광이 나타나는 것이요,

9) 극락을 수용하는 것이요,

10) 생사에 자유를 얻는 것이니라.

4. 단전주丹田住의 필요

대범, 좌선이라 함은 마음을 일경一境에 주하여 모든 생각을 제거함이 예로부터의 통례이니, 그러므로 각각 그 주장과 방편을 따라 그 주하는 법이 실로 많으나, 마음을 머리나 외경에 주한즉 생각이 동하고 기운이 올라 안정이 잘 되지 아니하고, 마음을 단전에 주한즉 생각이 잘 동하지 아니하고 기운도 잘 내리게 되어 안정을 쉽게 얻나니라.

또한, 이 단전주는 좌선에만 긴요할 뿐 아니라 위생상으로도 극히 긴요한 법이라, 마음을 단전에 주하고 옥지玉池에서 나는 물을 많이 삼켜 내리면 수화가 잘 조화되어 몸에 병고가 감소되고 얼굴이 윤활해지며 원기가 충실해지고 심단心丹이 되어 능히 수명을 안보하나니, 이 법은 선정禪定상으로나 위생상으로나 실로 일거 양득하는 법이니라. 간화선看話禪을 주장하는 측에서는 혹 이 단전주법을 무기無記의 사선死禪에 빠진다 하여 비난을 하기도 하나 간화선은 사람을 따라 임시의 방편은 될지언정 일반적으로 시키기는 어려운 일이니, 만일 화두話頭만 오래 계속하면 기운이 올라 병을 얻기가 쉽고 또한 화두에 근본적으로 의심이 걸리지 않는 사람은 선에 취미를 잘 얻지 못하나니라.

그러므로, 우리는 좌선하는 시간과 의두 연마하는 시간을 각각 정하고, 선을 할 때에는 선을 하고 연구를 할 때에는 연구를 하여 정과 혜를 쌍전시키나니, 이와 같이 하면 공적空寂에 빠지지도 아니하고 분별에 떨어지지도 아니하여 능히 동정 없는 진여성眞如性을 체득할 수 있나니라.

_ 소태산, 『정전』 좌선법 중에서.

법문

또 여쭙기를 [일원상의 수행은 어떻게 하나이까.] 대종사 말씀하시기를 [일원상을 수행의 표본으로 하고 그 진리를 체받아서 자기의 인격을 양성하나니 일원상의 진리를 깨달아 천지 만물의 시종 본말과 인간의 생·로·병·사와 인과 보응의 이치를 걸림 없이 알자는 것이며, 또는 일원과 같이 마음 가운데에 아무 사심私心이 없고 애욕과 탐착에 기울고 굽히는 바가 없이 항상 두렷한 성품 자리를 양성하자는 것이며, 또는 일원과 같이 모든 경계를 대하여 마음을 쓸 때 희·로·애·락과 원·근·친·소에 끌리지 아니하고 모든 일을 오직 바르고 공변되게 처리하자는 것이니, 일원의 원리를 깨닫는 것은 견성見性이요, 일원의 체성을 지키는 것은 양성養性이요, 일원과 같이 원만한 실행을 하는 것은 솔성率性인 바, 우리 공부의 요도인 정신 수양·

사리 연구 ·작업 취사도 이것이요, 옛날 부처님의 말씀하신 계·정·혜戒定慧 삼학도 이것으로서, 수양은 정이며 양성이요, 연구는 혜며 견성이요, 취사는 계며 솔성이라, 이 공부를 지성으로 하면 학식 있고 없는 데에도 관계가 없으며 총명 있고 없는 데에도 관계가 없으며 남녀 노소를 막론하고 다 성불함을 얻으리라.]   _ 소태산,『대종경』교의품5장.

대종사 선원 대중에게 말씀하시기를 [재래 사원에서는 염불종念佛宗은 언제나 염불만 하고, 교종敎宗은 언제나 간경看經만 하며, 선종禪宗은 언제나 좌선만 하고, 율종律宗은 언제나 계戒만 지키면서, 같은 불법 가운데 서로 시비 장단을 말하고 있으나 그것은 다 계·정·혜 삼학의 한 과목들이므로 우리는 이것을 병진하게 하되, 매일 새벽에는 좌선을 하게 하고, 낮과 밤에는 경전·강연·회화·의두·성리·일기·염불 등을 때에 맞추어 하게 하여, 이 여러가지 과정으로 고루 훈련하나니, 누구든지 이대로 정진한다면 재래의 훈련에 비하여 몇 배 이상의 실효과를 얻을 수 있으리라.]   _ 소태산,『대종경』교의품20장.

대종사 선원에 출석하여 말씀하시기를 [이인의화李仁義華가 지금 큰 발심이 나서 영업하는 것도 잊어 버리고, 예회를 본다 선원에 참예한다 하여 그 신성이 대단하므로 상을 주는 대신에 이 시간을 인의화에게 허락하노니 물을 일이 있거든 물어보라.] 인의화 여쭙기를 [어떤 사람이 너희 교에서는 무엇을 가르치고 배우느냐고 묻는다면 어떻게 대답하오리까.] 대종사 말씀하시기를 [원래 불교는 일체유심조一切唯心造 되는 이치를 스스로 깨쳐 알게 하는 교이니 그 이치를 가르치고 배운다고 하면 될 것이요, 그 이치를 알고 보면 불생 불멸의 이치와 인과 보응의 이치까지도 다 해결되나니라.] 또 여쭙기를 [그 이치를 안 후에는 어떻게 공부를 하나이까.] 대종사 말씀하시기를 [마음이 경계를 대하여 요란하지도 않고 어리석지도 않고 그르지도 않게 하나니라.]
_ 소태산, 『대종경』 교의품27장.

대종사 선원 대중에게 물으시기를 [그대들은 여기서 무엇을 배우느냐고 묻는 이가 있다면 어떻게 대답하겠는가.]하시니, 한 선원禪員은 [삼대력 공부를 한다 하겠나이다.]하고, 또 한 선원은 [인생의 요도를 배운다 하겠나이다.]하며, 그 밖에도 여러 사람의 대답이 한결같지 아니한지라, 대종사 들으시고 말씀하시기를 [그대들의 말이 다 그럴 듯 하나 나도 또한 거기에 부연하여 한 말 하여 주리니 자세히 들으라. 무릇 무슨 문답이나 그 상대편의 인물과 태도에 따라 그 때에 적당한 대답을 하여야 할 것이나, 대체적으로 대답한다면 나는 모든 사람들의 마음 작용하는 법을 가르친다고 할 것이며, 거기에 다시 부분적으로 말하자면 지식 있는 사람에게는 지식 사용하는 방식을, 권리 있는 사람에게는 권리 사용하는 방식을, 물질 있는 사람에게는 물질 사용하는 방식을, 원망 생활하는 사람에게는 감사 생활하는 방식을, 복 없는 사람에게는 복 짓는 방식을, 타력 생활하는 사람에게는 자력 생활하는 방식을, 배울 줄 모르는 사람에게는 배우는 방식을, 가르칠 줄 모르는 사람에게는 가르치는 방식을, 공익심 없는 사람에게는 공익심이 생겨나는 방식을 가르쳐 준다고 하겠노니, 이를 몰아 말하자면 모든 재주와 모든 물질과 모든 환경을 오직 바른 도로 이용하도록 가르친다 함이니라.]

_ 소태산, 『대종경』 교의품 29장.

또 말씀하시기를 [지금 세상은 물질 문명의 발전을 따라 사·농·공·상에 대한 학식과 기술이 많이 진보되었으며, 생활 기구도 많이 화려하여졌으므로 이 화려한 물질에 눈과 마음이 황홀하여지고 그 반면에 물질을 사용하는 정신은 극도로 쇠약하여, 주인된 정신이 도리어 물질의 노예가 되고 말았으니 이는 실로 크게 근심될 현상이라. 이 세상에 아무리 좋은 물질이라도 사용하는 마음이 바르지 못하면 그 물질이 도리어 악용되고 마는 것이며, 아무리 좋은 재주와 박람 박식이라도 그 사용하는 마음이 바르지 못하면 그 재주와 박람 박식이 도리어 공중에 해독을 주게 되는 것이며, 아무리 좋은 환경이라도 그 사용하는 마음이 바르지 못하면 그 환경이 도리어 죄업을 돕지 아니하는가. 그러므로, 천하에 벌여진 모든 바깥 문명이 비록 찬란하다 하나 오직 마음 사용하는 법의 조종 여하에 따라 이 세상을 좋게도 하고 낮게도 하나니, 마음을 바르게 사용하면 모든 문명이 다 낙원을 건설하는데 보조하는 기관이 되는 것이요, 마음을 바르지 못하게 사용하면 모든 문명이 도리어 도둑에게 무기를 주는 것과 같이 되나니라. 그러므로, 그대들은 새로이 각성하여 이 모든 법의 주인이 되는 용심법用心法을 부지런히 배워서 천만 경계에 항상 자리 이타로 모든 것을 선용善用하는 마음의 조종사가 되며, 따라서 그 조종 방법을 여러 사람에게 교화하여 물심 양면으로 한 가지 참 문명 세계를 건설하는 데에 노력할지어다.]

_ 소태산, 『대종경』 교의품30장.

대종사 말씀하시기를 [내가 그대들에게 일상 수행의 요법을 조석으로 외게 하는 것은 그 글만 외라는 것이 아니요, 그 뜻을 새겨서 마음에 대조하라는 것이니, 대체로는 날로 한 번씩 대조하고 세밀히는 경계를 대할 때마다 잘 살피라는 것이라, 곧 심지心地에 요란함이 있었는가 없었는가, 심지에 어리석음이 있었는가 없었는가, 심지에 그름이 있었는가 없었는가, 신·분·의·성의 추진이 있었는가 없었는가, 감사 생활을 하였는가 못 하였는가, 자력 생활을 하였는가 못하였는가, 성심으로 배웠는가 못 배웠는가, 성심으로 가르쳤는가 못 가르쳤는가, 남에게 유익을 주었는가 못 주었는가를 대조하고 또 대조하며 챙기고 또 챙겨서 필경은 챙기지 아니하여도 저절로 되어지는 경지에까지 도달하라 함이니라. 사람의 마음은 지극히 미묘하여 잡으면 있어지고 놓으면 없어진다 하였나니, 챙기지 아니하고 어찌 그 마음을 닦을 수 있으리요. 그러므로, 나는 또한 이 챙기는 마음을 실현 시키기 위하여 상시 응용 주의 사항과 교당 내왕시 주의 사항을 정하였고 그것을 조사하기 위하여 일기법을 두어

물 샐 틈 없이 그 수행 방법을 지도하였나니 그대들은 이 법대로 부지런히 공부하여 하루 속히 초범超凡 입성入聖의 큰 일을 성취할지어다.]
_ 소태산,『대종경』수행품1장.

대종사 말씀하시기를 [공부인이 동動하고 정靜하는 두 사이에 수양력修養力 얻는 빠른 방법은, 첫째는 모든 일을 작용할 때에 나의 정신을 시끄럽게 하고 정신을 빼앗아 갈 일을 짓지 말며 또는 그와 같은 경계를 멀리할 것이요, 둘째는 모든 사물을 접응할 때에 애착 탐착을 두지 말며 항상 담담한 맛을 길들일 것이요, 세째는 이 일을 할 때에 저 일에 끌리지 말고 저 일을 할 때에 이 일에 끌리지 말아서 오직 그 일 그 일에 일심만 얻도록 할 것이요, 네째는 여가 있는 대로 염불과 좌선하기를 주의할 것이니라.

또는, 동하고 정하는 두 사이에 연구력 얻는 빠른 방법은, 첫째는 인간 만사를 작용할 때에 그 일 그 일에 알음알이를 얻도록 힘쓸 것이요, 둘째는 스승이나 동지로 더불어 의견 교환하기를 힘쓸 것이요, 세째는 보고 듣고 생각하는 중에 의심나는 곳이 생기면 연구하는 순서를 따라 그 의심을 해결하도록 힘쓸 것이요, 네째는 우리의 경전 연습하기를 힘쓸 것이요, 다섯째는 우리의 경전 연습을 다 마친 뒤에는 과거 모든 도학가道學家의 경전을 참고하여 지견을 넓힐 것이니라.

또는, 동하고 정하는 두 사이에 취사력 얻는 빠른 방법은, 첫째는 정의인 줄 알거든 크고 작은 일을 막론하고 죽기로써 실행할 것이요, 둘째는 불의인줄 알거든 크고 작은 일을 막론하고 죽기로써 하지 않을 것이요, 세째는 모든 일을 작용할 때에 즉시 실행이 되지 않는다고 낙망하지 말고 정성을 계속하여 끊임없는 공을 쌓을 것이니라.]　　_ 소태산,『대종경』수행품2장.

대종사 말씀하시기를 [과거 도가道家에서 공부하는 것을 보면, 정할 때 공부에만 편중하여, 일을 하자면 공부를 못 하고 공부를 하자면 일을 못 한다하여, 혹은 부모 처자를 이별하고 산중에 가서 일생을 지내며 혹은 비가 와서 마당의 곡식이 떠 내려가도 모르고 독서만 하였나니 이 어찌 원만한 공부법이라 하리요. 그러므로, 우리는 공부와 일을 둘로 보지 아니하고 공부를 잘하면 일이 잘되고 일을 잘하면 공부가 잘되어 동과 정 두 사이에 계속적으로 삼대력 얻는 법을 말하였나니 그대들은 이 동과 정에 간단이 없는 큰 공부에 힘쓸지어다.]
　　_ 소태산,『대종경』수행품3장.

대종사 말씀하시기를 [선종禪宗의 많은 조사가 선禪에 대한 천만 방편과 천만문로를 열어 놓았으나, 한 말로 통합하여 말하자면 망념을 쉬고 진성을 길러서 오직 공적 영지空寂靈知가 앞에 나타나게 하자는 것이 선이니, 그러므로 "적적寂寂한 가운데 성성惺惺함은 옳고 적적한 가운데 무기無記는 그르며, 또는 성성한 가운데 적적함은 옳고 성성한 가운데 망상은 그르다." 하는 말씀이 선의 강령이 되나니라.]　　_ 소태산,『대종경』수행품12장.

대종사 선원 대중에게 말씀하시기를 [근래에 선종 각파에서 선의 방법을 가지고 서로 시비를 말하고 있으나, 나는 그 가운데 단전주丹田住법을 취하여 수양하는 시간에는 온전히 수양만 하고 화두 연마는 적당한 기회에 가끔 한 번씩 하라 하노니, 의두 깨치는 방법이 침울한 생각으로 오래 생각하는 데에만 있는 것이 아니요, 명랑한 정신으로 기틀을 따라 연마하는 것이 그 힘이 도리어 더 우월한 까닭이니라.] _ 소태산,『대종경』수행품14장.

한 제자 수승 화강水昇火降되는 이치를 묻자온데 대종사 말씀하시기를 [물의 성질은 아래로 내리는 동시에 그 기운이 서늘하고 맑으며, 불의 성질은 위로 오르는 동시에 그 기운이 덥고 탁하나니, 사람이 만일 번거한 생각을 일어내어 기운이 오르면 머리가 덥고 정신이 탁하여 진액津液이 마르는 것은 불 기운이 오르고 물 기운이 내리는 연고이요, 만일 생각이 잠자고 기운이 평순平順하면 머리가 서늘하고 정신이 명랑하여 맑은 침이 입 속에 도나니 이는 물 기운이 오르고 불 기운이 내리는 연고이니라.] _ 소태산,『대종경』수행품15장.

양 도신梁道信이 여쭙기를 [대종사께옵서 평시에 말씀하시기를, 이 일을 할 때 저 일에 끌리지 아니하며, 저 일을 할 때 이 일에 끌리지 아니하고, 언제든지 하는 그 일에 마음이 편안하고 온전해야 된다 하시므로 저희들도 그와 같이 하기로 노력하옵던 바, 제가 이 즈음에 바느질을 하면서 약을 달이게 되었사온데 온 정신을 바느질 하는 데 두었삽다가 약을 태워버린 일이 있사오니, 바느질을 하면서 약을 살피기로 하오면 이 일을 하면서 저 일에 끌리는 바가 될 것이옵고, 바느질만 하고 약을 불고하오면 약을 또 버리게 될 것이오니, 이런 경우에 어떻게 하는 것이 공부의 옳은 길이 되나이까.] 대종사 말씀하시기를 [네가 그때 약을 달이고 바느질을 하게 되었으면 그 두 가지 일이 그 때의 네 책임이니 성심 성의를 다하여 그 책임을 잘 지키는 것이 완전한 일심이요 참다운 공부니, 그 한 가지에만 정신이 뽑혀서 실수가 있었다면 그것은 두렷한 일심이 아니라 조각의 마음이며 부주의한 일이라, 그러므로 열 가지 일을 살피나 스무 가지 일을 살피나 자기의 책임 범위에서만 할 것 같으면 그것은 방심이 아니고 온전한 마음이며, 동할 때 공부의 요긴한 방법이니라.

다만, 내가 아니 생각하여도 될 일을 공연히 생각하고, 내가 안 들어도 좋을 일을 공연히 들으려 하고, 내가 안 보아도 좋을 일을 공연히 보려 하고, 내가 안 간섭하여도 좋을 일을 공연히 간섭하여, 이 일을 할 때에는 정신이 저 일로 가고 저 일을 할 때에는 정신이 이 일로 와서 부질없는 망상이 조금도 쉴 사이 없는 것이 비로소 공부인의 크게 꺼릴 바이라, 자기의 책임만 가지고 이 일을 살피고 저 일을 살피는 것은 비록 하루에 백천만 건(件)을 아울러 나간다 할지라도 일심 공부하는 데에는 하등의 방해가 없나니라.]　　_ 소태산, 『대종경』 수행품17장.

대종사 말씀하시기를 [그대들이 일심 공부를 하는데 그 마음이 번거하기도 하고 편안하기도 하는 원인을 아는가. 그것은 곧 일 있을 때에 모든 일을 정당하게 행하고 못 하는 데에 원인이 있나니, 정당한 일을 행하는 사람은 처음에는 혹 복잡하고 어려운 일이 많은 것 같으나 행할수록 심신이 점점 너그럽고 편안하여져서 그 앞 길이 크게 열리는 동시에 일심이 잘 될 것이요, 부정당한 일을 행하는 사람은 처음에는 혹 재미 있고 쉬운 것 같으나 행할수록 심신이 차차 복잡하고 괴로워져서 그 앞 길이 막히게 되는 동시에 일심이 잘 되지 않나니, 그러므로 오롯한 일심 공부를 하고자 하면 먼저 부당한 원을 제거하고 부당한 행을 그쳐야 하나니라.] _ 소태산, 『대종경』 수행품18장.

한 제자 급히 밥을 먹으며 자주 말을 하는지라, 대종사 말씀하시기를 [사람이 밥 하나 먹고 말 한 마디 하는 데에도 공부가 있나니, 만일 너무 급히 먹거나 과식을 하면 병이 따라 들기 쉽고, 아니 할 말을 하거나 정도에 벗어난 말을 하면 재앙이 따라 붙기 쉬운 지라, 밥 하나 먹고 말 한 마디 하는 것을 작은 일이라 하여 어찌 방심하리요. 그러므로, 공부하는 사람은 무슨 일을 당하든지 공부할 기회가 이르렀다 하여 그 일 그 일을 잘 처리하는 것으로 재미를 삼나니 그대도 이 공부에 뜻을 두라.]
_ 소태산, 『대종경』 수행품32장.

대종사 말씀하시기를 [나는 그대들에게 희·로·애·락의 감정을 억지로 없애라고 가르치는 것이 아니라, 희·로·애·락을 곳과 때에 마땅하게 써서 자유로운 마음 기틀을 걸림없이 운용하되 중도에만 어그러지지 않게 하라고 하며, 가벼운 재주와 작은 욕심을 미워할 것이 아니라 그 재주와 발심의 크지 못함을 걱정하라 하노니, 그러므로 나의 가르치는 법은 오직 작은 것을 크게 할 뿐이며, 배우는 사람도 작은 데에 들이던 그 공력을 다시 큰 데로 돌리라는 것이니, 이것이 곧 큰 것을 성취하는 대법이니라.]
_ 소태산,『대종경』수행품37장.

대종사 말씀하시기를 [어리석은 사람은 한 생각 나는 즉시로 초범 월성의 큰 지혜를 얻으려 하나 그것은 크게 어긋난 생각이라, 저 큰 바다의 물도 작은 방울 물이 합하여 이룬 것이요, 산야의 대지도 작은 먼지의 합한 것이며, 제불 제성의 대과를 이룬 것도 형상 없고 보이지도 않는 마음 적공積功을 합하여 이룬 것이니, 큰 공부에 뜻하고 큰 일을 착수한 사람은 먼저 마땅히 작은 일부터 공을 쌓기 시작하여야 되나니라.]
_ 소태산,『대종경』수행품44장.

대종사 말씀하시기를 [수도인이 경계를 피하여 조용한 곳에서만 마음을 길들이려 하는 것은 마치 물고기를 잡으려는 사람이 물을 피함과 같나니 무슨 효과를 얻으리요, 그러므로, 참다운 도를 닦고자 할진대 오직 천만 경계 가운데에 마음을 길들여야 할 것이니 그래야만 천만 경계에 마음이 흔들리지 않는 큰 힘을 얻으리라. 만일, 경계 없는 곳에서만 마음을 단련한 사람은 경계 중에 나오면 그 마음이 바로 흔들리나니 이는 마치 그늘에서 자란 버섯이 태양을 만나면 바로 시드는 것과 같나니라. 그러므로, 유마경維摩經에 이르시기를 "보살은 시끄러운 데 있으나 마음은 온전하고, 외도外道는 조용한 곳에 있으나 마음은 번잡하다." 하였나니, 이는 오직 공부가 마음 대중에 달린 것이요, 바깥 경계에 있지 아니함을 이르심이니라.]

_ 소태산, 『대종경』 수행품50장.

대종사 여러 제자에게 말씀하시기를 [그대들은 마땅히 불법을 활용하여 생활의 향상을 도모할지언정 불법에 사로잡힌 바 되어 일생을 헛되이 지내지 말라. 무릇, 불법은 원래 세상을 건지는 큰 도이거늘, 도리어 세속을 피하고 산에 들어가서 다만 염불이나 간경看經이나 좌선 등으로 일 없이 일생을 보내고 마침내 아무런 제중의 실적도 없다면 이러한 사람은 다 불법에 사로잡힌 바이라. 자신에도 별 성공이 없으려니와 세상에도 아무 이익이 없나니라.]   _ 소태산, 『대종경』 수행품51장.

대종사 선원 대중에게 말씀하시기를 [우리의 공부법은 난리 세상을 평정할 병법兵法이요, 그대들은 그 병법을 배우는 훈련생과 같다 하노니, 그 난리란 곧 세상 사람의 마음 나라에 끊임 없이 일어나는 난리라. 마음 나라는 원래 온전하고 평안하며 밝고 깨끗한 것이나, 사욕의 마군을 따라 어둡고 탁해지며 복잡하고 요란해져서 한 없는 세상에 길이 평안할 날이 적으므로, 이와 같은 중생들의 생활하는 모양을 마음 난리라 한 것이요, 병법이라 함은 곧 우리의 마음 가운데 모든 마군을 항복받는 법이니 그 법은 바로 정定과 혜慧와 계戒를 닦으며, 법法과 마魔를 구분하는 우리의 수행 길이라, 이것이 곧 더할 수 없는 세계 정란靖亂의 큰 병법이니라. 그러나, 세상 사람들은 이 마음 난리는 난리로 생각하지도 아니하나니 어찌 그 본말을 안다 하리요. 개인·가정과 사회·국가의 크고 작은 모든 전쟁도 그 근본을 추구해 본다면 다 이 사람의 마음 난리로 인하여 발단되는 것이니,

그러므로 마음 난리는 모든 난리의 근원인 동시에 제일 큰 난리가 되고, 이 마음 난리를 평정하는 법이 모든 법의 조종인 동시에 제일 큰 병법이 되나니라. 그런즉, 그대들은 이 뜻을 잘 알아서 정과 혜를 부지런히 닦고 계율을 죽기로써 지키라. 오래오래 쉬지 아니하고 반복 수행하면 마침내 모든 마군을 항복받을 것이니, 그리 된다면 법강 항마의 법위를 얻게 되는 동시에 마음 난리에 편할 날이 없는 이 세상을 평정하는 훌륭한 도원수都元帥가 될 것으로 확신하노라.]   _ 소태산, 『대종경』 수행품 58장.

대종사 말씀하시기를 [본래에 분별과 주착이 없는 우리의 성품性稟에서 선악간 마음 발하는 것이 마치 저 밭에서 여러 가지 농작물과 잡초가 나오는 것 같다 하여 우리의 마음 바탕을 심전心田이라 하고 묵은 밭을 잘 개척하여 좋은 밭을 만들 듯이 우리의 마음 바탕을 잘 단련하여 혜복을 갖추어 얻자는 뜻에서 심전 계발啓發이라는 말이 있게 되었나니라.

그러므로, 심전을 잘 계발하는 사람은 저 농사 잘 짓는 사람이 밭에 잡초가 나면 매고 또 매어 잡초는 없애고 농작물만 골라 가꾸어 가을에 많은 수확을 얻는 것 같이, 선악간에 마음 발하는 것을 잘 조사하고 또 조사하여 악심이 나면 제거하고 또 제거해서 악심은 없애고 양심만 양성하므로 혜복이 항상 넉넉할 것이요, 심전 계발을 잘못 하는 사람은 저 농사 잘못 짓는 사람이 밭에 잡초가 나도 내버려 두고 농작물이 나도 그대로 두어서 밭을 다 묵히어 가을에 수확할 것이 없는 것 같이, 악한 마음이 나도 그대로 행하고 선한 마음이 나도 그대로 행하여 자행자지하는지라 당하는 것이 고뿐이요, 혜복의 길은 더욱 멀어지나니라. 그러므로, 우리의 천만 죄복이 다른 데에 있는 것이 아니요, 오직 이 심전 계발을 잘하고 못하는 데에 있나니, 이 일을 어찌 등한히 하리요.]　　　　　_ 소태산,『대종경』수행품59장.

대종사 선원 해제식에서 대중에게 말씀하시기를 [오늘의 이 해제식은 작은 선원에는 해제를 하는 것이나, 큰 선원에는 다시 결제를 하는 것이니, 만일 이 식을 오직 해제식으로만 아는 사람은 아직 큰 공부의 법을 알지 못함이니라.]
　　　　　　　　　　　　_ 소태산,『대종경』수행품62장.

대종사 말씀하시기를 [우주의 진리는 원래 생멸이 없이 길이 길이 돌고 도는지라, 가는 것이 곧 오는 것이 되고 오는 것이 곧 가는 것이 되며, 주는 사람이 곧 받는 사람이 되고 받는 사람이

곧 주는 사람이 되나니, 이것이 만고에 변함 없는 상도常道니라.]
_ 소태산, 『대종경』 인과품1장.

대종사 말씀하시기를 [사람의 성품이 정한즉 선도 없고 악도 없으며, 동한즉 능히 선하고 능히 악하나니라.]
_ 소태산, 『대종경』 성리품2장.

대종사 말씀하시기를 [선과 악을 초월한 자리를 지선至善이라 이르고, 고와 낙을 초월한 자리를 극락이라 이르나니라.]
_ 소태산, 『대종경』 성리품3장.

김 광선이 여쭙기를 [천지 만물의 미생전未生前에는 무엇이 체體가 되었나이까.] 대종사 말씀하시기를 [그대가 말하기 전 소식을 묵묵히 반조返照하여 보라.] 또 여쭙기를 [수행하는 데 견성이 무슨 필요가 있나이까.] 대종사 말씀하시기를 [국문國文에 본문을 아는 것과 같나니라.] _ 소태산, 『대종경』 성리품20장.

한 제자 여쭙기를 [견성을 하면 어찌 되나이까.] 대종사 말씀하시기를 [우주 만물의 본래 이치를 알게 되고 목수가 잣대와 먹줄을 얻은 것 같이 되나니라.] _ 소태산, 『대종경』 성리품21장.

대종사 말씀하시기를 [모든 학술을 공부하되 쓰는 데에 들어가서는 끊임이 있으나, 마음 작용하는 공부를 하여 놓으면 일분

일각도 끊임이 없이 활용되나니, 그러므로 마음 공부는 모든 공부의 근본이 되나니라.]
_ 소태산, 『대종경』 요훈품1장.

대종사 말씀하시기를 [그 마음에 한 생각의 사私가 없는 사람은 곧 시방 삼계를 소유하는 사람이니라.]
_ 소태산, 『대종경』 요훈품45장.

대종사 이 춘풍으로 더불어 청련암靑蓮庵 뒷 산 험한 재를 넘으시다가 말씀하시기를 [험한 길을 당하니 일심 공부가 저절로 되는도다. 그러므로, 길을 가되 험한 곳에서는 오히려 실수가 적고 평탄한 곳에서 실수가 있기 쉬우며, 일을 하되 어려운 일에는 오히려 실수가 적고 쉬운 일에 도리어 실수가 있기 쉽나니, 공부하는 사람이 험하고 평탄한 곳이나 어렵고 쉬운 일에 대중이 한결같아야 일행 삼매一行三昧의 공부를 성취하나니라.]
_ 소태산, 『대종경』 수행품34장.

또는, 공부인이 성심으로 참회 수도하여 적적 성성한 자성불을 깨쳐 마음의 자유를 얻고 보면, 천업天業을 임의로 하고 생사를 자유로 하여 취할 것도 없고 버릴 것도 없고 미워할 것도 없고 사랑할 것도 없어서, 삼계 육도三界六途가 평등 일미요, 동정 역순이 무비 삼매無非三昧라, 이러한 사람은 천만 죄고가 더운 물에 얼음 녹듯하여 고도 고가 아니요, 죄도 죄가 아니며, 항상 자성의 혜광이 발하여 진대지가 이 도량이요, 진대지가 이 정토라 내

외 중간에 털끝만한 죄상罪相도 찾아볼 수 없나니, 이것이 이른바 불조의 참회요, 대승의 참회라 이 지경에 이르러야 가히 죄업을 마쳤다 하리라. _ 소태산, 『정전』 참회문 중에서.

일원은 언어도단言語道斷의 입정처入定處이요, 유무 초월의 생사문生死門인 바, 천지·부모·동포·법률의 본원이요, 제불·조사·범부·중생의 성품으로 능이성 유상能以成有常하고 능이성 무상無常하여 유상으로 보면 상주 불멸로 여겨 자연如自然하여 무량세계를 전개하였고, 무상으로 보면 우주의 성·주·괴·공成住壞空과 만물의 생·로·병·사生老病死와 사생四生의 심신 작용을 따라 육도六途로 변화를 시켜 혹은 진급으로 혹은 강급으로 혹은 은생어해恩生於害로 혹은 해생어은害生於恩으로 이와 같이 무량 세계를 전개하였나니,

  우리 어리석은 중생은 이 법신불 일원상을 체받아서 심신을 원만하게 수호하는 공부를 하며, 또는 사리를 원만하게 아는 공부를 하며, 또는 심신을 원만하게 사용하는 공부를 지성으로 하여 진급이 되고 은혜는 입을지언정, 강급이 되고 해독은 입지 아니하기로써 일원의 위력을 얻도록까지 서원하고 일원의 체성體性에 합하도록까지 서원함.

_ 소태산, 『정전』 일원상 서원문.

대종사 말씀하시기를 [한 마음이 선하면 모든 선이 이에 따라 일어나고, 한 마음이 악하면 모든 악이 이에 따라 일어나나니,

그러므로 마음은 모든 선악의 근본이 되나니라.]
_ 소태산, 『대종경』 요훈품3장.

대종사 말씀하시기를 [세상에 두 가지 어리석은 사람이 있나니, 하나는 제 마음도 마음대로 쓰지 못하면서 남의 마음을 제 마음대로 쓰려는 사람이요, 둘은 제 일 하나도 제대로 처리하지 못하면서 남의 일까지 간섭하다가 시비 가운데 들어서 고통받는 사람이니라.] _ 소태산, 『대종경』 요훈품16장.

대종사 말씀하시기를 [수도인이 구하는 바는, 마음을 알아서 마음의 자유를 얻자는 것이며, 생사의 원리를 알아서 생사를 초월하자는 것이며, 죄복의 이치를 알아서 죄복을 임의로 하자는 것이니라.] _ 소태산, 『대종경』 요훈품2장.

대종사 말씀하시기를 [여의 보주如意寶珠가 따로 없나니, 마음에 욕심을 떼고, 하고 싶은 것과 하기 싫은 것에 자유 자재하고 보면 그것이 곧 여의 보주니라. _ 소태산, 『대종경』 요훈품13장.

대종사 대각을 이루시고 그 심경을 시로써 읊으시되
[청풍월상시淸風月上時에 만상자연명萬像自然明이라.] 하시니라.
_ 소태산, 『대종경』 성리품1장.

대종사 말씀하시기를 [사람의 성품은 원래 선악이 없는 것이나 습관에 따라 선악의 인품人品이 있어지나니 습관은 곧 당인의 처음 한 생각이 좌우의 모든 인연에 응하고 또 응하는 가운데 이루어지는 것이라, 가령 그대들이 공부에 발심하여 처음으로 이 도량에 와서 스승과 동지를 만나고 법과 규칙을 지켜나갈 때에, 처음에는 모든 일이 서투르고 맞지 아니하여 감내하기가 어려우나, 그 발심을 변하지 아니하고 오래 계속하면 차차 마음과 행동이 익어져서, 필경에는 힘 들지 아니하고도 자연히 골라지게 되나니 이것이 곧 습관이라, 이와 같이 좌우의 인연을 따라 습관되는 이치가 선과 악이 서로 다르지 아니하나, 선한 일에는 습관되기가 어렵고 악한 일에는 습관되기가 쉬우며, 또는 선한 습관을 들이기 위하여 공부하는 중에도 조금만 방심하면 알지 못하는 가운데 악한 경계에 흘러가서 처음 목적한 바와는 반대로 되기 쉽나니 이 점에 늘 주의하여야 착한 인품을 이루게 되리라.]
_ 소태산, 『대종경』 수행품30장.

대종사 여러 제자에게 말씀하시기를 [그대들은 마땅히 불법을 활용하여 생활의 향상을 도모할지언정 불법에 사로잡힌 바 되어 일생을 헛되이 지내지 말라. 무릇, 불법은 원래 세상을 건지는 큰 도이거늘, 도리어 세속을 피하고 산에 들어가서 다만 염불이나 간경看經이나 좌선 등으로 일 없이 일생을 보내고 마침내 아무런 제중의 실적도 없다면 이러한 사람은 다 불법에 사로잡힌 바이라, 자신에도 별 성공이 없으려니와 세상에도 아무 이익이 없나니라.]
_ 소태산, 『대종경』 수행품51장.

○ 이 원상圓相의 진리를 각覺하면 시방 삼계가 다 오가吾家의 소유인 줄을 알며, 또는 우주 만물이 이름은 각각 다르나 둘이 아닌 줄을 알며, 또는 제불·조사와 범부·중생의 성품인 줄을 알며, 또는 생·로·병·사의 이치가 춘·하·추·동과 같이 되는 줄을 알며, 인과 보응의 이치가 음양상승陰陽相勝과 같이 되는 줄을 알며, 또는 원만 구족한 것이며 지공 무사한 것인 줄을 알리로다.

○ 이 원상은 눈을 사용할 때에 쓰는 것이니 원만 구족한 것이며 지공 무사한 것이로다.
○ 이 원상은 귀를 사용할 때에 쓰는 것이니 원만 구족한 것이며 지공 무사한 것이로다.
○ 이 원상은 코를 사용할 때에 쓰는 것이니 원만 구족한 것이며 지공 무사한 것이로다.
○ 이 원상은 입을 사용할 때에 쓰는 것이니 원만 구족한 것이며 지공 무사한 것이로다.
○ 이 원상은 몸을 사용할 때에 쓰는 것이니 원만 구족한 것이며 지공 무사한 것이로다.
○ 이 원상은 마음을 사용할 때에 쓰는 것이니 원만 구족한 것이며 지공 무사한 것이로다.

_ 소태산, 『정전』 일원상 법어

마음을 챙기는 시간
1분선·무시선

발행일 | 원기 106년(2021) 4월 15일
지음 | 최정풍 교무
엮음 | 소태산 마음학교

디자인 | 토음디자인
인쇄 | (주)문덕인쇄

출판 | 도서출판 마음공부
출판등록 | 305-33-21835(2014.04.04)
ISBN | 979-11-974429-0-2
주소 | 전북 익산시 익산대로 463 (3층)
전화 | 070-7011-2392
값 | 14,000원